TIPPEL TOUREN

Peter Squentz

TIPPEL TOUREN

Band 3

25 neue Wanderungen
Bergisches Land · Eifel
Siebengebirge · Niederrhein

3., überarbeitete Auflage 1989

J. P. Bachem Verlag Köln

Fotos: Peter Squentz

Titelbild: Karl Heinz Thurz

Karten: Hans-Karl Welle

CIP-Titelaufnahme der Deutschen Bibliothek

Squentz, Peter:
Tippel-Touren / Peter Squentz. — Köln : Bachem.
  Aus: Kölner Stadt-Anzeiger

Bd. 3. 25 neue Wanderungen : Bergisches Land, Eifel, Siebengebirge, Niederrhein / [Kt.: Hans-Karl Welle]. — 3., überarb. Aufl.,
  10. – 13. Tsd. — 1989
  ISBN 3-7616-0994-9

Buchausgabe nach einer Fortsetzungsfolge aus dem
Kölner Stadt-Anzeiger

1. Auflage 1985
2. Auflage 1987
3., überarbeitete Auflage 1989
© J. P. Bachem Verlag, Köln, 1985
Satz und Druck: J. P. Bachem, Köln
Reproduktionen: Willy Kühl, Köln
ISBN 3-7616-0994-9
Printed in Germany

Für Markus Oliver

Inhaltsverzeichnis

Siebengebirge

Vorbemerkung

Wieder liegen fünfundzwanzig Tippeltouren vor. Zum dritten Mal sind damit fünfundzwanzig Ziele des Kölner Umlands neu erkundet worden, vorgestellt, zur Nachahmung empfohlen.

Die Aufforderung an den Leser, die erwanderten Erfahrungen jeder Tippeltour zu seiner eigenen zu machen, scheint auch nach Jahren ungemindert wirksam zu sein: dafür spricht die Resonanz der beiden ersten Bände.

Der dritte Band einer Reihe kann leicht auf die Erklärungen verzichten, die für die ganze Reihe gelten. Wie immer sind die Routen grob nach Zielgebieten geordnet; und wenn auch – dies als Beispiel – Leutesdorf nun ganz gewiß nicht im Siebengebirge liegt, so kann die Gruppierung dennoch einer allerersten Orientierung dienen.

In den Jahren seit den ersten Tippeltouren haben sich einige wenige Wege verändert. Dies gilt im vorliegenden 3. Band für die Touren 13, 18, 22. Die geringfügigen Veränderungen sind dort entsprechend vermerkt.

Wer unterwegs auf Veränderungen trifft, ist, wie immer, gebeten, einen entsprechenden Hinweis zu geben an

Peter Squentz
J. P. Bachem Verlag
Ursulaplatz 1
5000 Köln 1

So ist am ehesten sicherzustellen, daß alle Tippeltouren weiterhin verläßliche Begleiter bleiben.

P. S.

Tippeltour 1:

In der Kirche wurde es dem Grafen zu bunt

Den Bauern war ihr Kirchlein fest ans Herz gewachsen, aber die Bauern hatten ja noch nie was zu bestellen, sieht man mal von ihrem Acker ab. Drei Jahrhunderte lang hatten sie Freude gehabt an ihrer bunten Kirche, die ihnen die Ritter vom Johanniter-Orden hinterlassen hatten, dann fanden sie sich 1604 in der Erbmasse derer von Homburg wieder: Alle Kirchen der Gegend sowie die Bauern mit Kind und Kegel, Haus und Hof, Ochs und Esel, Mann und Maus fielen an den Grafen von Sayn und Wittgenstein in Berleburg. Dem hatte es gefallen, in Heidelberg das calvinistische Bekenntnis anzunehmen, und zwar nicht nur für sich alleine, sondern gleich für alle Untertanen mit. Und da sich Calvin einiges zugute hielt auf seine Deutung der Gebote, tat es der Berleburger auch. Was aber sagte das zweite Gebot? Und wie sah es aus in den Kirchen im Oberbergischen? Bunt waren sie und voller Bilder, die mußten weg.

Und hätte etwa einer dem studierten Grafen beibringen können, daß man nicht die Bilder an der Wand verehrte, sondern nur den Herrgott, den sie meinten, nicht die gemalte Frauengestalt inmitten der gemalten Blüten, sondern Maria im Haag, nach der das Dorf immerhin seinen Namen hatte: Marienhagen? Darauf hätte er auch selber kommen können: Verehrte man denn an der Heiligen Sohrift etwa die Buchstaben, nicht das Gemeinte? Und lesen konnten die Bauern nicht, aber Bilder betrachten und sich ihr Teil dabei denken. Aber das nicht mehr lange, denn dem Graf war das alles zu bunt: Sie mußten Wasser schöpfen, mit reichlich Kalk verrühren und die „bonten Kerken" innen tünchen. Lesen konnten sie danach immer noch nicht.

Wir sind über den „Kirchweg" an das weiße Kirchlein herangekommen, das Mühe hat, seinen dicken Turm mit dem krummen Helm über die Dächer der Nachbarschaft zu recken.

Freunde des spätromanischen Baustils mögen den stabilisierenden Keil an der Westseite des Turms bedauern, die wehrhafte Massigkeit des gedrungenen Bauwerks wird dadurch

Außen weiß: die bunte Kirche

eher erhöht. Übersichtlich und schlicht erscheint das ein-
schiffige Langhaus: weiß die Wände, grau das Gestühl, auch
die Empore von 1630, grau auch die Fenster, so daß aber das
Laub und das Licht des Himmels draußen desto leuchtender
erscheinen, farbig sind nur die alten Fresken im Altarraum,
die 1907 hier wiederentdeckt worden sind. Der Kölner Kunst-
professor Bardenhewer hatte sie zunächst aufgrund der
Spuren wiederhergestellt, erst in den fünfziger Jahren ent-
fernte man alles, was nicht zum Bestand von 1310 gehörte.
Wir umrunden den Kirchbezirk einmal und ein zweites Mal,
dann beginnen wir auf der ,,Marienhagener Straße'' unseren
Weg. Am Telegraphenmast entdecken wir das Zeichen ,,A 2'',
folgen ihm an der Kastanie nach links und aus dem Ort
hinaus. Unser Weg berührt den kleinen Friedhof, dann führt
er als ,,Alter Mühlenweg'' talwärts und bald in einer sachten
Kurve in den Wald.
Wenig später haben wir die Autobahn vor uns als ein gleich-
mäßiges Rauschen im Wald, dann sehen wir sie, wie sie auf
baumhohen Stelzen das Tal des Alper Bachs zerschneidet.
Der Weg führt unter ihr hindurch, vor und über uns nur
grauer Beton, nur zwischen den Fahrbahnen ein schmaler
Spalt voll Himmel. Wieviele solcher Talbrücken haben uns
bequem hierhergebracht? Oben im Auto weiß man ihre
Annehmlichkeiten zu schätzen, unten im Wald aber lernt

man, daß Ansichtssachen buchstäblich und tatsächlich „Ansichtssachen" sind.

Im Tal überqueren wir die Straße und folgen dem „A 2" nach links und dann im Bogen zwischen Mühlbach und Berghang an die „Alpermühle" heran.

Hinter der nächsten Biegung liegt ein kleiner Fischweiher, in dem sich die Forellen auf den Füßen ständen, wenn sie welche hätten. Die kräftigen Tiere, in allen Farben des Regenbogens gefleckt, schwimmen uns entgegen um Futter, sie sind schon so handzahm wie Hühner auf dem Hof. Ein Pferdefuhrwerk kommt aus dem Wald, eine Gruppe junger Leute beim Ausflug. Der Kutscher dreht die Bremse fest, die Ausflügler springen vom Wagen und haben Ideen: Zum Grillen fehlen die Würstchen, zum Fischen die Erlaubnis, aber ein paar Gruppenfotos kann man machen. Schritt um Schritt muß sich der Fotograf entfernen, damit er nicht nur die Paare, sondern auch das Kaltblütergespann aufs Bild bringt, aber er fällt und fällt nicht ins Wasser, da nützt auch alles Dirigieren nichts.

Wir nehmen nun nicht den Weg geradeaus, sondern halten uns hinter dem Weiher halbrechts und folgen dem geschotterten Weg, der leicht aufwärts führt und weg vom Fischteich. Links gluckst ein schmaler Bach neben dem Weg. Wir passieren eine nasse Waldwiese mit einigen Pappeln, an deren Ende wir uns bei einer Gabelung links halten, weiter auf dem „A 2". Nach etwa hundert Metern, wo links das Fichtenstück endet und vor uns nun ein Eichenwald liegt, verlassen wir noch vor der Kehre unseren breiten Weg (Zeichen an der letzten Fichte links) und nehmen den kleineren weiter geradeaus. Das Bächlein bleibt dabei links unter uns. Laubwald wechselt mit dunklen Partien Nadelwald, dann kommt ein herrlicher Buchenwald mit zimtbraunem Laub am Boden und hellem Grün gegen die Sonne. Oben, dicht unterhalb der Höhe, neigt sich der Weg nach links, durchmißt den Taleinschnitt mit blühendem Ginster, passiert ein einzelnes Holzhaus und führt uns endlich an die Höhenstraße. Hier halten wir uns rechts und kommen nach Freckhausen.

Die Autobahn im Tal des Alper Bachs ist jetzt schon weit entfernt, der Kirchturm von Marienhagen noch ein Stückchen weiter. Wir folgen der Straße „Am Schibbusch" in den Ort hinein, vorbei an der Schulbushaltestelle und bei üppigen Rhododendronstauden wieder hinaus. Rechts erstreckt sich bis ins Tal eine große Weide; noch ist kein Tier zu sehen,

aber die Wolle am Zaun und die gewürzte Luft lassen auf
Schafe schließen. Dann hören wir sie auch, aber links des
Weges, wo wir über ein paar Tritte bis zu einer Holzbank
steigen. Im Schatten der Bäume lagert hier die Herde. Wo der
Weg sich an einem Stück Lärchenwald gabelt, halten wir uns
rechts und kommen wieder in den Wald. Nach gut dreihundert Metern teilt sich ein zweites Mal der Weg: Hier bleiben
wir links („A 1").

Für lange Zeit sind wir nun allein im Wald; der Weg folgt allen
Buckelrücken und Taleinschnitten des Wohlsbergs, ohne
dabei an Höhe zu verlieren. Wir durchqueren eine Schneise
mit Ginster, dann geht es wieder durch den Wald. Hier und
da ist der Weg auch durch einen weißen Kreis markiert.
Endlich stoßen wir auf ein kleines Holzhaus an einer Wege-
gabelung. An den Wänden wie immer allerlei Notizen, auch
„Thomas und Gerd" haben sich hier von der friedlichen
Hütte beflügeln lassen; sie wünschen ihr den Frieden weiterhin, aber dafür „Krieg den Palästen": Büchner im Wald, und
mit Ausrufezeichen auf den Latten, wie es sich gehört.

Nun nehmen wir den Weg ins Tal (weißer Kreis) und kommen
bald nach Alpe (dort Wanderweg „11" mit Andreaskreuz).
Hundert Meter nur folgen wir der Talstraße nach links, dann
beginnt wieder der Aufstieg. Wir biegen in den „Neuenhausener Weg" ein, aber halten uns schon nach fünfzig
Metern rechts. Hinter der Linksbiegung überqueren wir
einen Wirtschaftsweg, dann kommen wir auf schmalem Pfad
zwischen Weide und Wald bergauf und schließlich in den
Wald („X" und „A 3").

„Scherbusch" heißt der Wald, auch „Enselskamp". Hier hätten sich Hänsel und Gretel verlaufen mögen, Rotkäppchen
hätte ihrem Wolf begegnen können oder jenem Männlein,
das weder Rippenbiest noch Hammelswade oder Schnürbein
hieß, sondern Rumpelstilzchen, aber als die Brüder Grimm
das Märchensammeln längst beendet hatten, stand hier noch
kein einziger Baum. Erst um die Mitte des vergangenen
Jahrhunderts gaben die Bauern ihre mühsame Feldarbeit auf
und pflanzten diesen schönen Wald.

Nach eineinhalb Kilometern stoßen wir wieder auf die Autobahn, die wir diesmal überqueren; am Ende der Leitplanke
kommen wir rechts zum letzten Mal in den Wald, bis wir
durch das kleine Gewerbegebiet wieder nach Marienhagen
gelangen.

Nach Marienhagen im Oberbergischen

Weglänge: gut 11 km

Anfahrt:
A 4 Gummersbach/Wiehl, dann Richtung Wiehl und gleich darauf links: „Industriegebiet Bomig" und „Marienhagen". Parkplatz vor dem Ortskern.

Wanderkarte:
L 5110 Waldbröl

Wanderweg:
Von der Kirche auf der „Marienhagener Straße" nach Südosten ① („A 2") und in den Wald („Alter Mühlenweg"). Jenseits der Autobahn die Straße kreuzen ② und zur „Alpermühle". Hinter dem Weiher ③ rechts und bergauf; an Waldwiese vorüber, vor der Kehre ④ breiten Weg verlassen und weiter geradeaus. Durch Linksknick ⑤ nach Freckhausen. Auf der Straße „Am Schibbusch" durch den Ort, bei der Gabelung am Lärchenwald ⑥ rechts, nach dreihundert Metern ⑦ links („A 1"); weiter am Hang bis zur Schutzhütte ⑧, von dort auf Weg mit weißem Kreis nach Alpe. Auf der Talstraße 100 m links, dann rechts „Neuenhausener Weg", hier nach 50 m rechts ⑨ („X"). Aufstieg im Wald, dann über die Autobahn und durch Gewerbegebiet ⑩ zurück.

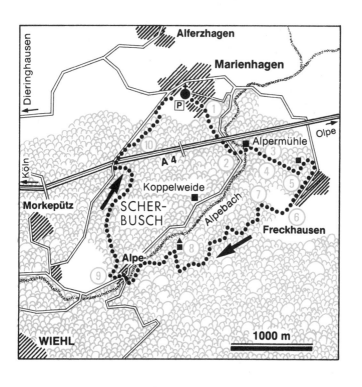

Tippeltour 2:

Über dem Tal
herrscht die heilige Agatha

Wer sich nur vom Namen leiten läßt: Kapellensüng, der wird überrascht sein, wenn er die neuromanische Kirche der Heiligen Agatha entdeckt, die hier, auf einem Bückel über der Lindlarer Sülze, das weite Tal überblickt. Die Kapelle von Süng wurde im vergangenen Jahrhundert zur Pfarrkirche erweitert und immer wieder ausgebaut – groß genug für die große Zeit war sie dadurch immer noch nicht. Erst der neue Pfarrer, Anton Esser, konnte seine Gemeinde für die ganz große Lösung begeistern, für die dann 1913 der Grundstein gelegt wurde.

Das dürfte auf lange Zeit das letzte öffentliche Bauvorhaben seiner Zeit gewesen sein, denn als die Kirche fertig war, fuhren die ersten Kriegsfreiwilligen schon mit der neuen Eisenbahn nach Köln, die Mittel wurden knapp, und drei Jahre später kam dann derselbe Kaiser, der bei der Grundsteinlegung noch als Friedensfürst gefeiert worden war, und sammelte im Bergischen die Kirchenglocken ein; auch in Süng wurden da zwei Glocken abgehängt.

Dem Ruhm von Pfarrer und Kirche tat das alles keinen Abbruch: Nach Anton Esser, der 1953 in seinem alten Pfarrort starb, wurde die Dorfstraße benannt, und die Kirche erhielt bald den stattlichen Beinamen „Sülztaldom", was freilich mehr für die Begeisterung als für das Gedächtnis der Namensgeber spricht, denn achtzehn Kilometer flußabwärts, in Immekeppel, hatte man es 1885, beim Neubau von St. Lucia, ebenfalls nicht unter diesem Ehren-Wort getan.

Zum Berg hin von einem Halbkreis gestutzter Linden umgeben, vor sich den weiten Kirchplatz mit der Dorfschänke: so herrscht nun die Kirche über das Dorf.

Wir haben den Wagen auf dem Wanderparkplatz daneben gelassen und folgen dem Wanderweg „A 3" zwischen der „Dorfschänke" und der Telefonzelle talwärts. Der Splittweg führt an der gemütlichen Grundschule vorüber, bei Sonnenschein werden hier die Kinder auf Bänken im Freien unterrichtet, und in der großen Pause haben sie den schönsten Spielplatz zur Verfügung.

St. Agatha in Kapellensüng

Unten im Tal stoßen wir vor der Teichanlage auf einen
schmalen Teerweg, dem wir nach links folgen. Ein Stück
begleiten wir den Mühlbach unter uns, dann überqueren wir
die Talstraße, wenden uns nach links in Richtung Hartegasse
und biegen schon nach zwanzig Metern rechts in den „Son-
nenweg" ein. Wo er auf die „Brückenstraße" stößt, halten wir
uns rechts und überqueren so das Flüßchen. Der „A 3" steigt
hier bergauf, führt bald in den Wald und schwenkt dort sacht
nach links; noch unterhalb der Kuppe führt er wieder übers
freie Feld. Am Rand des nächsten Waldstücks verläßt uns der
„A 3" nach links, wir lassen uns nun von einem Dreieck
weiter geradeaus geleiten. Nach einem sanft gekrümmten
Hohlweg haben wir Hönighausen vor uns mit dem Sendemast auf dem Brungerst dahinter. Auf der Fahrstraße kommen wir durch den Ort hindurch.
In einer Talsenke hinter dem Dorf entdecken wir auf einer
Waldweide ein Rudel Rehe, die meisten davon mit einem
Band um den Hals. Zum Haustier sind sie dadurch aber nicht
geworden, als wir uns neugierig nähern, springen sie mit
weiten Sätzen ins tiefe Farn.
Wir passieren beim Weg auf die Höhe ein Wegkreuz im
Schatten einer Linde, dann knickt nach etwa hundertfünfzig
Metern unser Weg nach links. Rechts führt ein Weg als „A 2"
geradewegs zu dem Sendemast.
Wir nähern uns Vorderrübach, und gleich hinter dem Orts-

eingangsschild wenden wir uns nach rechts, wo wir eine neue Markierung entdeckt haben, ein „H" mit einem angesetzten „J" davor; so kommen wir oberhalb des Ortes wieder in die Felder. Wald wechselt rasch mit kleinen Weideflächen. Wo bei einer weißen Eisenschranke das Steinbruchgebiet auf dem Brungerst beginnt, führt uns der Weg nach links und bergab. Am Waldrand, hinter dem umzäunten Grundstück, halten wir uns rechts und gleich am Zaun entlang, wo der Teerweg endet, abermals rechts. Die Markierung, der wir von Vorderrübach gefolgt sind, würde uns hier schnell nach Lindlar bringen.

Unser Weg, der leicht bergan führt, ist noch hier und da als „A 2" gekennzeichnet. Rechts und links haben wir nun mannshohes Farnkraut, Eichen zur Linken, Nadelwald rechts. Nach einem halben Kilometer im Wald kündigen Abraumhalden und tiefe Löcher das Steinbruchgebiet auf dem Brungerst an. Hier wenden wir uns auf dem Teerweg vor dem schützenden Zaun nach rechts („A 2").

„In dem Dorf Lindlar wohnen vorizo viele Steinhauer, weilen daselbst schöne Stein zu Platten sich finden", heißt es schon in einer Schrift von 1715 über den wichtigsten Industriezweig der Gemeinde. Für Sockel, Gesimse, Treppen und Türschwellen, für kirchliches Maßwerk, Fensterleibungen und Säulen wurden hier die Steine gebrochen. Die Steinstößer von Lindlar fertigten auch Kreuze, nach dem letzten Krieg allein 40 000 für gefallene Soldaten.

Wir gehen weiter bergauf, vorbei an den graugelb verstaubten Halden und Plattenstapeln, lassen die Eremitage, in der tatsächlich einmal Einsiedler lebten, rechts liegen und erreichen hinter der Linkskurve die breitere Teerstraße zwischen den Brüchen, der wir abermals nach rechts folgen, den Berg hinauf. Ein wenig unterhalb der Kuppe kommen wir in den Wald. Oben orientieren wir uns an der Kreuzung und nehmen den Splittweg („A 2") nach links. Zwischen Farn und Vogelbeeren sind noch die Reste der ersten Steinbrüche von Lindlar auszumachen.

Lange bleibt nun der Weg im Wald, wir passieren eine Schutzhütte, dann öffnet sich in einer sachten Linkskehre der Wald und gibt einen weiten Blick frei über das Oberbergische Land. Nach etwa zehnminütigem Abstieg kreuzen wir unten einen zweiten Weg, verlassen den „A 2" und folgen dem Schild in Richtung „Heibach"; dieser Weg ist an den Bäumen durch ein weißes Rechteck gekennzeichnet.

Es geht nun immer am Berghang entlang, ohne daß wir merklich an Höhe verlieren. Wo der Weg sich gabelt und eine Tafel mit zwei spitzen Enden beidesmal nach Heibach weist, bleiben wir links, weiter dem neuen Zeichen nach. Bald vereinigen sich die Wege wieder, und es geht, von Erlen gesäumt, nach links. Rechts tritt der Wald zurück, und wir können am Hang gegenüber unser Ziel schon sehen.

Unten kommen wir auf die Straße von Lindlar, folgen ihr nach rechts, überqueren die Talstraße und wandern dann geradewegs auf den „Sülztaler Hof" in Heibach zu.

Wer Heimweh nach Köln hat, der findet im Gastraum ein wandgroßes Rheinpanorama, und auch die prachtvolle Biersäule aus gehämmertem Zinn stammt aus Köln. Bis vor fünfzig Jahren schmückte sie die Theke der Schankwirtschaft „Zum Reichskanzler" am Barbarossaplatz, dann wurde sie ins Bergische verkauft und hat so den Krieg überlebt.

Wir wandern in Heibach den Fahrweg hinauf, vorbei an Forellenteichen, die hier ein kleiner Siefen speist, lassen dann den Weg zum alten Kirchengut Stoppenbach links liegen und halten uns rechts, weiter bergauf.

Wo der Fahrweg im Wald nach links knickt, folgen wir rechts dem Feldweg durch die Wiesen und steigen drüben im Wald wieder bergauf, noch immer dem weißen Rechteck auf der Spur. Oben kommen wir auf einen Splittweg, halten uns rechts, am Hang entlang zwischen Wald und gemähten Wiesen. In Schlüsselberg schauen wir noch auf Kapellensüng hinab, aber dann geht es in sachtem Abstieg, an Hammen vorbei, wieder zurück bis zum Kirchplatz, wo wir jetzt nur noch entscheiden müssen, ob es noch Zeit ist für ein paar Waffeln oder schon die Stunde für das Abendessen.

Nach Kapellensüng bei Lindlar

Weglänge: gut 12 km

Anfahrt:
A 4 bis Untereschbach, über Immekeppel und wahlweise Hommerich oder Lindlar nach Hartegasse, von dort zum Wanderparkplatz nach Kapellensüng.

Wanderkarte:
L 4910 Gummersbach oder 1:25 000 Lindlar

Wanderweg:
Zwischen ,,Dorfschänke" und Telefonzelle talwärts ,,A 3", auf Teerweg am Mühlenbach ① links, Talstraße linksversetzt kreuzen (20 m): ,,Sonnenweg" ②, auf ,,Brückenstraße" rechts über die Sülze ③; Weg ,,A 3" folgen, bis er am Waldrand ④ nach links schwenkt; durch Höninghausen (Dreieck); hinter dem Ort Linde mit Wegkreuz ⑤, 150 m später halblinks (hier rechts Weg ,,A 2" zum Brungerst mit Mast). Hinter Ortseingangsschild Vorderrübach rechts (,,JH"); bei der Eisenschranke am Rand des Steinbruchgebiets ⑥ links, am Waldrand unten rechts, am Zaun entlang und am Ende des Teerwegs wieder gleich rechts ⑦; nach 500 m Steinbruchgebiet ⑧; Aufstieg und an ,,Eremitage" vorüber auf Fahrstraße ⑨, abermals rechts, bei Wegekreuz im Wald ⑩ auf Splittweg nach links; mehr als 1 km durch Wald, dann ,,A 2" verlassen und rechts Richtung ,,Heibach" ⑪: Rechteck. Bei Gabelung ⑫ links, unten auf Straße von Lindlar ⑬ und Talstraße mit Sülz überqueren (,,Sülztaler Hof"). Auf Fahrweg weiter bergauf, vorüber an Zufahrt nach Stoppenbach ⑭, bei Linksknick ⑮ Fahrweg verlassen, durch die Wiesen und im Wald bergauf (Rechteck). Auf Splittweg ⑯ über Schlüsselberg und Hammen zurück.

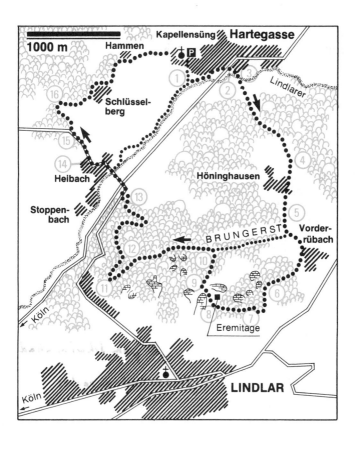

Nach Wermelskirchen und nach Dhünn

Tippeltour 3:

Zum größten Christbaum Europas

Der Sohn des Apothekers war vom Pillendrehen umgewechselt auf die Herstellung von Farbe. In der ,,Telegraphenstraße'' zu Wermelskirchen hatte er die erste deutsche Ultramarinfabrik gegründet, die ,,Wermelskirchener Farbe'' wurde berühmt in der Welt, aber blieb es nicht lange, denn schon bald war es zu eng in dem Städtchen zwischen Eifgenbach und Wupper, moderne Verkehrsmittel fehlten noch lange, und die Bäche waren allesamt zu klein. So wurde die Fabrik verlegt vom Bergischen Land an den Rhein, bei Wiesdorf fand sich der unfruchtbare Kahlberg: Dort gründete Carl Leverkus, vormals Wermelskirchen, seine neue Farbenfabrik, dazu gleich eine Siedlung für die Arbeiter, alles wie aus der Retorte, er war ja schließlich Apothekerssohn.

Später kauften die Nachfahren des Wuppertaler Fabrikanten Bayer die Fabriken, aber da hieß der Ort schon ,,Leverkusen'' nach dem Gründer: Hätte man ihn andernfalls wohl ,,Bayern'' genannt?

Die Wermelskirchener waren im übrigen nicht nachtragend, sie erhoben den berühmten Sohn ihrer Stadt zum Ehrenbürger: Mochte er auch noch so viele Arbeitsplätze abgezogen haben an den Rhein, so blieb doch nach dem Umzug wenigstens der Himmel blau, und die Bäche waren es auch, und nicht vom Ultramarin.

Am Eifgenbach, noch vor der Brücke am Schwimmbad, haben wir den Wagen abgestellt. Für eine runde halbe Stunde folgen wir dem Bachverlauf. Der Weg ,,A 3'' am linken Ufer kommt treppe hrab u. rechts uns gleich sportlich, unter uns das Schwimmbad, rechts und links die Marterpfähle einer Trimm-Dich-Bahn. Am Waldrand münden zwei Bäche, dann kommen wir an der Kläranlage vorüber. Sie verschwindet hinter uns in der Biegung der Böschung, dafür haben wir nun eine Weide mit zwei zottigen Rindviechern zu Füßen, dahinter im Fachwerk die Häusergruppe ,,Im Berg''. Der urige Anblick verlangt nach Erklärung, aber ein Spaziergänger aus Wermelskirchen weiß auch nur Ungefähres über die Kraftpakete mit den bahnbrechenden Hörnern, so nehmen wir sie für Urviecher.

Wieder strebt ein Wasserlauf dem Eifgenbach zu, dann passieren wir das Fachwerkgehöft. Der „A 3" wechselt hier aufs
andere Ufer, wir bleiben links, folgen einem weißen Dreieck
und weiter dem Bach. Die Talsohle liegt grün zwischen
braunen Laubwaldbeständen, in denen sich am Boden trok-

kenes Farnkraut kräuselt. Ein kurzes Stück geht es durch
einen Schlag Nadelwald, dann verbreitert sich das Tal rechts
neben uns, der Eifgenbach verläßt uns hier mit seinem schönen Tal. Von der Brandschneise am Hang schauen wir ihm
noch hinterher, dann folgen wir weiter dem Dreieck in das
engere Nebental. Zwei Bächlein kommen hier zusammen
und suchen in der Wiese gemeinsam den Eifgenbach. Hier
liegt ein Forellenteich zur Rechten, und damit ihm die Forellen nicht davonlaufen, warnt der Besitzer rund um sein
Grundstück mit „Fußangeln".

Unser Weg den Taleinschnitt hinauf knickt am Ende nach
links, auch hier ist er deutlich markiert; wir passieren den
Zaun einer Waldweide, rechts über uns nun die Häuser von
Asmannskotten mit Vieh unter den kahlen Bäumen. Wir steigen links den Hang im Wald hinauf, die Wiese haben wir zur
Rechten, bis oben auf dem Bergrücken, zunächst noch vor
dem hochstämmigen Tannenwald, der Weg nach rechts
schwenkt. Bald weicht unser Weg einem dichten Jungwald
abermals nach rechts aus, dann erreichen wir den Wanderparkplatz an der Höhenstraße nach Habenichts. Den Namen
ihres Fleckens haben sich die Anrainer bestimmt nicht selber
suchen dürfen.

Wir brauchen die Straße nur zu überqueren, orientieren uns
noch einmal an der Wegetafel und nehmen dann gleich
wieder den markierten Weg in den Wald und bergab, immer
noch dem Dreieck auf der Spur. Etwa hundert Meter hinter
der Straße müssen wir aufpassen: Da verläßt unser Weg die
übrigen Wanderstrecken und biegt nach rechts ab in den
dunklen Nadelwald. Auf dem weichen Boden geht es so
rasch bergab, daß wir kaum den eigenen Füßen folgen
können.

Unten erreichen wir ein kleines Wasser, kommen auf einem
Knüppelsteg hinüber und folgen dann einem zweiten Siefen
im Wald.

Hinter jungen Fichten wird es hell; hier haben Schnee- und
Windbruch die dünnen Birken gebündelt zur Erde gedrückt.
Am Ende der Lichtung, vor dem Hochwald, führt uns unser
Zeichen nach links ins Tal. Unten folgen wir ein Stück dem
Bach nach rechts, dann abermals rechts und diesmal ein
Wasser hinauf, an hochstämmigem Wald entlang und end-
lich über ein nützliches Brückchen nach links, wo wir schon
die freie Fläche über uns sehen.

Wir kommen an das Feld heran, wenden uns dann im spitzen

Kirchturmhaube in Dhünn

Winkel linkerhand zurück in den Wald und dort durch die Rechtskehre bergauf. Abermals erreichen wir das freie Feld, wo schon lange Schatten auf dem Wintergetreide liegen. Am Eichenwald stoßen wir auf einen Querweg, der von Sonne und von Osminghausen kommt und uns nun links bis nach Dhünn bringt. Nach etwas mehr als hundert Metern führt der geschotterte Weg halbrechts in den Tannenwald, dann geht es immer geradeaus und sacht bergab, bis uns hinter einer Kehre unser Zeichen nach rechts weist, die Böschung hinab und aus dem Wald hinaus. Wir kreuzen unten wieder einen Bach und wandern dann auf Dhünn zu, das nun oben vor uns liegt. In einer Serpentine kommen wir hinauf und an den Ortsrand. Wo unser Teerweg gegenüber Haus Nr. 13 auf die Nebenstraße stößt, halten wir uns links und erreichen zwischen schönen bergischen Häusern die Hauptstraße. Als man hier im Jahre 1901 die Schule baute, hat man keinen geringeren als den lieben Gott persönlich dafür gewinnen wollen, den Preußen die Schulpflicht durchzusetzen: ,,Lasset die Kindlein zu mir kommen", steht noch achtzig Jahre später in der Hauswand.
Wir werfen einen Blick in die Kirche, wo die Küstersleute Blumen für den Sonntagsgottesdienst verteilen. Dhünn ist wie Wermelskirchen seit Jahrhunderten evangelisch, entsprechend schlicht ist die Kirche im Innern, Schmuck zeigt

nur das Prinzipalstück in bergischem Barock mit Altar, Kanzel und Orgel, und auch die Figurinen haben schon auf einem Speicher auf den Abtransport gewartet, ehe sie als Zierde wieder zugelassen waren. Noch riecht es hier nach frischer Farbe, erst kürzlich ist renoviert worden: Weiß und helles Grau beherrschen jetzt den Raum. Anders würde es der Küsterin auch nicht gefallen: „Die Wieskirche in Bayern ist natürlich wunderschön", sagt sie, „aber zuhören könnte ich da nicht."

Neben der Kirche haben wir mit einem weißen Kreis ein neues Zeichen ausgemacht und folgen nun dem Teerweg zum Ort hinaus in Richtung „Staehlsmühle" und „Knochenmühle". Der Weg führt zum Dhünn-Bach hinunter und am Fußballplatz vorüber. Wir passieren die ‚Häusergruppe Staehlsmühle und kommen endlich zur alten Knochenmühle. Die Schieferplatten hängen an der Wand schon schaukelnd in den Nägeln, auch das Mühlrad in seinem Schacht vor dem Haus ist blättrig verrottet. Wir orientieren uns an der gestutzten Kastanie und steigen dann links, noch vor dem Mühlenteich, den Schotterweg hinauf, wie der Kreis es uns zeigt. Es geht im Wald bergauf, dann über die windige Höhe auf die Straße zu. Noch vor der Höhenstraße überqueren wir einen Teerweg und kommen durch ein kleines Waldstück an die Straße heran. Hier halten wir uns rechts für etwa hundert Meter; noch vor der Höhe, wo der Wald von links mit einer Ecke fast die Straße berührt, folgen wir dem Kreis nach links in den Wald. Für einen Kilometer geht es sacht bergab, bis wir bei dem Flecken Well die Straße erreichen. Der Eifgenbach ist hier im Wiesental gestaut, ehe er weiterfließt bis Wermelskirchen, Dabringhausen und bei Altenberg dann in die Dhünn. Wir wenden uns bei der Brücke mit dem grünen Geländer nach rechts, kommen über den Bach, durch Well hindurch und dann schon wieder zwischen Feldern auf die Höhe. Hier hat sich der Weiler Süppelbach mit Well eine Schule geteilt, bergauf führt für die Kinder von beiden Seiten der Schulweg, aber mittags geht es dann um so schneller zurück, im Winter läßt sich das auch mit kleinen Schlitten denken.

Wir kommen am Kriegerdenkmal bei der Schule vorüber, durchqueren das kleine Waldstück und steigen dann nach Süppelbach hinab. Über den Wipfeln taucht jetzt schon der schlanke Kirchturm von Wermelskirchen auf. Der Witwer Johann Peter Frowein, einer der vielen Froweins der Gegend,

Unterwegs zur Staehlsmühle

hat hier in Süppelbach, wie wir noch heute lesen können, sein neugebautes Haus dem Herrgott anbefohlen: „WAN DU O HER NICHT WACHES ÜBER DISES HAUSZ / SO IST UNSER WACHEN AUSZ.", was sich ja fast wie eine Nötigung liest. In Süppelbach kommen wir an die Talstraße heran, wo wir gleich drüben hinuntersteigen an den Bach, immer unserem Zeichen nach. Der Weg steigt bald wieder an, wir kommen nach Kovelsberg und wandern dann auf halber Höhe zwischen Berg und Tal zum Ort hinaus nach Westen. So kommen wir am Staubecken des Eifgenbachs vorüber, lassen es in einer Kehre hinter uns zurück, wandern an den Fischteichen der „Eifgentaler Forellenzucht" vorüber und kommen schließlich an der Straße wieder an den Ausgangspunkt zurück.

Am Spätnachmittag fahren wir hinauf nach Wermelskirchen, wo es weit mehr weihnachtet als anderswo. Irgendwann einmal sind hier auf der Höhe kalifornische Mammutbäume angepflanzt worden, klein zunächst vermutlich, aber die sind dann immer größer geworden, und die größte steht beim Rathaus, gegenüber der Kirche, zwischen Buden mit Lebkuchen, Glühwein und kandierten Äpfeln und macht sich zur Adventszeit gut als Weihnachtsbaum, und beileibe nicht als irgendeiner, sondern als der größte in Europa.

Nach Wermelskirchen und nach Dhünn

Weglänge: ca. 14 km

Anfahrt:
A 1 bis Schloß Burg/Wermelskirchen, durch Wermelskirchen, hinter der Kirche rechts Richtung Dhünn, Eifgenbachtal. Parkplatz im Tal vor dem Bach.

Wanderkarte:
L 4908 Solingen oder 1:25 000 Wermelskirchen

Wanderweg:
Vom Parkplatz „A 3" am linken Ufer des Bachs; wo bei der Häusergruppe „Im Berg" ① der Weg „A 3" aufs rechte Ufer wechselt, weißem Dreieck auf linkem Ufer folgen. Nach ca. 1 km links in Nebental ②, Taleinschnitt hinauf, bei Asmannskotten links den Hang hinauf bis zum Bergrücken ③. Oben Straße kreuzen, nach 100 m im Wald markierter Weg (Dreieck) nach rechts, Abstieg ④, im Wald über einen Siefen, dem Lauf eines zweiten folgen; bei einer Lichtung links dem Bach nach rechts folgen, dann über Brücke und links hinauf ⑤. Links in den Wald mit Rechtskehre. Auf Querweg links ⑥, nach etwas über 100 m rechts durch Bachtal nach Dhünn. Hinter der Kirche links („Staehlsmühle"). Im Dhünntal (Kreis) bis zur „Knochenmühle", dann links Schotterweg hinauf; oben Teerweg kreuzen ⑦ und an Straße heran; rechts, nach 100 m links bis Well; dort rechts und über Brücke, bergauf, an Schule vorüber und hinab nach Süppelbach. Dort jenseits der Talstraße hinab zum Bach und hinauf nach Kovelsberg und links (Staubecken ⑧) zum Parkplatz.

Auch die Schwarzwaldgemeinde Zell am Harmersbach beansprucht für sich, den größten „Weihnachtsbaum" vorzeigen zu können. In beiden Fällen aber handelt es sich, wie Leser mit Recht bemerkten, nicht um „Weihnachts"-Bäume im üblichen Sinne, also Fichten oder Tannen, sondern um den Riesenmammutbaum Sequoiadendron giganteum. Ihr Name geht zurück auf den Indianer Sequo-yah, ihr deutscher Name charakterisiert ihren Wuchs: der höchste Mammutbaum war 135 Meter hoch, und dabei älter als 3000 Jahre.

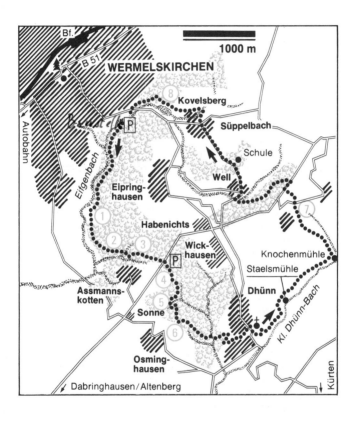

Tippeltour 4:

Den fleißigen Bienen
ein Kirchlein gebaut

In Immekeppel grüßen Bienen den Besucher. Man sieht sie rechts an der Straße, wenn man kommt; und woher kommen die Bienen? Das ist schon ein Kapitel für sich:

Der Altenberger Bruder Küchenmeister, Konrad mit Namen, war vom Alter etwas einfältig geworden, im Zählen war er nie ein großes Licht gewesen, da fiel ihm nun das Vorrathalten schwer. So wurde er am Ende abgelöst und hatte im Sülztal die Bienen des Klosters zu hüten. Wer aber gelernt hat, mit Schinken und halben Schweinen zu rechnen, der schöpft auch bei Honigwaben gerne aus dem vollen. So wollte sich Konrad göttlichen Beistands versichern, stahl im Kloster eine Hostie und legte sie zwischen die Waben.

Das hätte ihn nun sicher auch noch den Posten des Imkers gekostet, doch unerfindlich sind die Wege des Herrn auch diesseits der Sülz, und außerdem hat er ein Herz für die Schwachen: Der Abt bekam von dem Diebstahl erst tags darauf Wind, und da war aus dem Frevel schon ein Wunder geworden. Die Bienen hatten über der Hostie ein Kunstwerk aus Wachs modelliert, ein filigranes Abbild der Altenberger Kirche mit allerfeinsten Ornamenten. Die Mönche holten den wächsernen Dom in ihr Kloster und bauten zum Dank ein Kirchlein zwischen den Bienen, das Immen-Keppel.

Das ist fast zu schön, um wahr zu sein, und ist ja auch nicht wahr, sondern nur eine schöne Legende, denn „ima capella" heißt „die unterste Kapelle", einfach die, die man nicht mit dem nahen „Hohkeppel" verwechseln soll.

Mehrfach wurde die Kirche im Sülztal umgebaut, erweitert, schließlich 1885 abgerissen und durch den bekannten romanisierenden Neubau ersetzt.

Gegenüber beginnt unser Weg.

Wir folgen am Parkplatz dem Zeichen „A 3", kommen auf der Talstraße zurück bis zur Nebenstraße nach Moitzfeld und Löhe und wandern hier bachaufwärts. Schon bei der Brücke über den Krebsbach gut hundert Meter weiter halten wir uns

rechts in Richtung Juck und kommen auf dem Teerweg zum
Ort hinaus und gleich in den Wald.
Links liegt ein Fischteich, den wir nicht betreten dürfen,
selbst wenn wir das könnten: der „A.S.V. Overath" duldet es
nicht und hat sich das eigens ein Holzschild kosten lassen.
Ein zweiter Weiher schließt sich an, bald zweigt in einem
Nebental ein Querweg ab, wir bleiben auf unserem Fahrweg
und erreichen endlich die Külheimer Mühle im Wald.
Der Müller, wenn er denn noch einer ist, hat sich statt eines
Katers in Stiefeln ein Rudel Rehe zugelegt, das am Waldrand
friedlich knabbert. Die Mühle liegt schön unter einer mächtigen Fichte; noch immer springt das Wasser aus dem Keller
über das oberschlächtige Mühlrad und spiegelt dann im
Mühlbach das Fachwerk der Mühle.
Wir folgen weiter dem Teerweg, kommen zwischen einzelnen
Häusern im Wald bergauf und erreichen schließlich bei
einem alten Birnbaum die Höhe von Juck.
Es sind noch immer nur wenige Häuser links und rechts,
dann sind wir wieder im Wald, noch immer auf demselben
Teerweg. Mal kommt zur Linken ein einzelnes Haus und mal
eins zur Rechten; ein Fuchs und ein Reh stehen in Eintracht
und Gips auf einer Fensterbank beisammen und schauen
hinaus, wer da kommt, in einer Voliere sucht ein Schwarm

von Wellensittichen noch immer nach dem richtigen Plätz-
chen für jeden.

Schließlich erreichen wir das Gelände einer alten Erzgrube;
den Betrieb, der sich hier eingerichtet hat, lassen wir nun
links liegen, folgen auch nicht weiter unserem Teerweg am
Werksgelände vorbei ins Tal, sondern nehmen den schmale-
ren Weg geradeaus in Richtung Volbach.

Hinter einem Stück mit Fichten kommen wir auf die Höhe.
Vor uns, auf dem jenseitigen Rücken, liegt Herkenrath, im Tal
zur Linken die Häuser der Volbacher Mühle. Unser Weg am
Hang entlang führt zwischen Häusern hindurch, dann hinunter ins Tal.

In der Senke bei den Pappeln verlassen wir den asphaltierten
Weg, das Andreaskreuz des Wanderwegs 11 a weist uns
ausdrücklich nach rechts; zwischen dem einzelnen Back-
steinhaus und dem Schuppen daneben kommen wir an den
Wald heran, wo ein kleines Schild nach Bärbroich weist.
Auch die Reiter der Gegend haben inzwischen herausgefunden, daß hier ein schöner Weg verläuft, und sind prompt
mitten durchs Grüne geritten wie Drosselbart durchs Por-
zellan.

Wir folgen dem Kreuz und seiner deutlichen Markierung den
Berg hinauf, stets in der Nähe des Waldrands. Ein Reh sucht
das Weite und findet es schließlich hinter Ilex-Büschen.
Dann rascheln Hühner im gelben Laub und wir kommen
neben einem einzelnen Hof an die Straße heran. Rechts geht
es nach Dreispringen, wir halten uns links. Ein Fink sitzt im
Geäst und pfeift auf uns.

Noch im Buchenwald nehmen wir gleich rechts den Fahrweg
nach Ottoherscheid (weißer Winkel, Wanderweg 9). Der
scharfe Wind auf der Höhe bläst uns kräftige Brisen von der
Jauche herüber, mit der die Bauern auf den Wiesen das
Frühjahr begrüßen.

Auf der Landstraße in Bärbroich halten wir uns rechts, folgen
ihr durch den Ort hindurch und wenden uns nach einem
knappen Kilometer abermals nach rechts in Richtung Oberkülheim. Zwei schwarze Knäuel schielen geräuschlos von
einer Terrasse herüber und geben sich erst knapp einen
Meter vor unserem Hosenbein als Spitze zu erkennen; sie
sind wohl dankbar für die Unterbrechung ihres Sonntag-
nachmittags und bellen noch, als wir schon weiter sind. Aus
Küchenfenstern und Garagen kommt Radiomusik, überall
derselbe Sender; ansonsten herrscht Ruhe.

Im Haus Nr. 8 aber treffen wir auf Leute, die haben auch am Sonntag alle Hände voll zu tun: Ein ganzes Museum hat die Familie Clemens hier nicht nur zusammengetragen, sondern auch aufgebaut im Garten, der darüber schon zu eng geworden ist, und noch immer liegen zwei Häuser zerlegt daneben, die erst später aufgerichtet werden sollen.

Gesammelt haben die Clemens schon immer: Puppen und Spielzeug, Dachziegel, Möbel, Werkzeug und Gerätschaft aller Art – eigentlich alles, was nicht niet- und nagelfest war. Dann hat man ihnen 1973 einen ganzen Bauernhof geboten, und seither sammeln sie sogar das Niet- und Nagelfeste. Ganze Handwerksbetriebe und zahlreiche Fachwerkhäuser haben sie inzwischen eingelagert für den großen Tag, an dem sie genügend Freiraum haben werden, um alles wiederherzustellen. Der Hof von 1973 steht schon – im eigenen Garten. Er wurde zerlegt, vom Rand des Siegerlandes ins Bergische gebracht, dort wieder aufgebaut und eingerichtet wie eine Puppenstube Maßstab eins zu eins. Das Wohnhaus ist zum Museum geworden, vollgehängt bis unters Dach mit Schrank und Bett für Kind und Kegel, selbst ein Boot liegt auf dem Schlappertisch, und am Donnerbalken hängt in handlichen Formaten der „Kölner Stadt-Anzeiger" vom 4. 11. 1912.

Im Bauernhausmuseum

Wolfgang Clemens, der uns durch den Garten führt, kann zu
jedem Stück ein Stück erzählen, Abgelauschtes oder Selbst-
erlebtes. Drollig ist beides: Die Geschichte von der Butter-
hexe, gegen die man sich beim Buttern mit geschmiedeten
Nägeln in der Sahne half, und auch die Geschichte von der
Stadtverwaltung Bergisch Gladbach, die mit Schwarzbauten
ihre Erfahrungen hat und daher jahrelang nur Argwohn
hegte und das Bauernhaus-Museum am Anfang nur als
„Kleintierstall" genehmigte. Seit einigen Jahren sind die
Clemens freilich anerkannt von höchster Stelle, auch Preise
hat es schon gegeben für die Arbeit.
Eine Stunde werden wir herumgeführt, dann wandern wir
weiter der Straße nach, an der nächsten Ecke folgen wir dem
teilgesperrten Fahrweg „Am Branderhof" nach rechts. Wir
kommen rasch zum Dorf hinaus mit weiten Blicken über das
Land.
In Dorn überqueren wir noch einmal einen Querweg bei
einem Wegkreuz, dann geht es mit 16 Prozent Gefälle und
entsprechend zügig durchs „Kauler Feld" und den „Kiels-
berg" ins Tal. Die renovierten Türme von St. Lucia genügen
uns jetzt schon zur Orientierung, und so kommen wir schnell
nach Sulsen zurück: Sulsen an der Sülz, seit 1309 besser
bekannt als Immekeppel, das Dorf mit den Bienen.

Von Immekeppel nach Oberkülheim

Weglänge: knapp 10 km

Anfahrt:
A 4 bis Untereschbach, in Immekeppel Parkplatz in der Kurve vor der Kirche.

Wanderkarte:
L 5108 Köln-Mülheim

Wanderweg:
Vom Parkplatz „A 3" auf der Talstraße, rechts Nebenstraße Richtung Moitzfeld, am Krebsbach wieder rechts ① Richtung Juck. Vorüber an der Külheimer Mühle, geradeaus über Juck ②; dem Weg weiter folgen bis zum Werksgelände, hier Teerweg verlassen und auf schmalem Weg geradeaus bis in Senke von Volbach; hier rechts 11 a („X") nach rechts, im Wald bergauf, oben Fahrweg links Richtung Ottoherscheid; auf der Landstraße in Bärbroich rechts nach knapp 1 km rechts nach Oberkülheim. Museum dort Hs. Nr. 8; der Straße folgen, rechts „Am Branderhof" ③, über Dorn, „Kauler Feld" und „Kielsweg" zurück.

Das Bauernhausmuseum ist geöffnet an den Wochenenden von 10–18 Uhr. Sonst nach Vereinbarung (0 22 07/63 50). Die Führung dauert eine Stunde und kostet für Erwachsene DM 5,–, für Kinder DM 2,50.

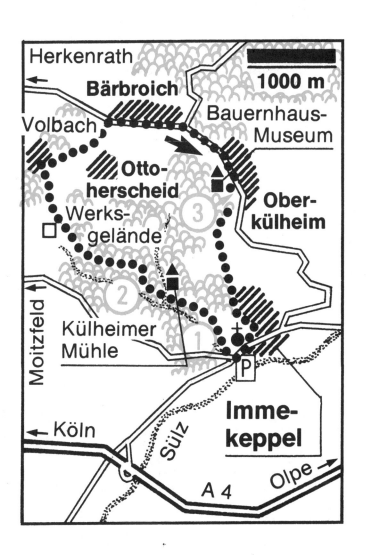

Tippeltour 5:

Hämmer gibt es hier nicht mehr

Der Bergische Löwe verstand sich von selber, als die Orte an der Wupper zusammenrücken wollten zu einer einzigen Gemeinde und dafür auch ein neues Wappen suchten. Mit dem Löwen von Berg hatten sich bereits die Ur-Gemeinden geschmückt, jetzt kam von Elberfeld das Rost hinzu, auf dem der heilige Laurentius zum Märtyrer geröstet worden war, und Barmen brachte zwei Bündel Garn mit in die Städte-Ehe, die am 30. 7. 1929 geschlossen wurde und seit dem 25. 1. 1930 geführt wird unter dem neuen Namen „Wuppertal". Insgesamt ein recht beziehungsreiches Bild: das Garn zum Spinnen, Weben, Wirken, Bleichen, Färben als Sockel für den alten Überbau aus Tradition und sektenreicher Frömmigkeit im Wuppertal.

„Wenn die Wupper klar und rein wär', wären die Menschen im Tal faul und liederlich", so verklärt noch 1905 der Wuppertaler Dichter Rudolf Herzog die ungeklärten Folgen der frühen Industrie: „Die schwarze Farbe ist das Ehrenkleid." – Ob das Presse- und Informationsamt der Stadt an diesen Satz gedacht hat, als es seiner hochglänzenden Werbeschrift den Titel verpaßt hat: „Farbe bekennen"?

Reich war man im Wuppertal vor Zeiten nur an Wasser, aber hier verstand man es, mit diesem einen Pfund geschickt zu wuchern. In den kleinen Tälern im Süden trieb das Wasser die Maschinen der Bandwirker in Ronsdorf und der Eisenindustrie in Cronenberg, das nicht von ungefähr in seinem Wappen eine Sense führt. Wie einst mit den Sensen und Sicheln sind auch heute noch 80 Prozent der Einwohner damit beschäftigt, Hacken, Schippen, Spaten, Äxte, Beile, Hämmer, Zangen, Hobel, Bohrer, Meißel, Messer, Sägen, Zimmermannswinkel und Heckenscheren herzustellen.

Die Wasserkraft ist dazu schon lange nicht mehr vonnöten, mit der Einführung der Dampfmaschinen wanderten zunächst die größeren Betriebe vom Wasser wieder hügelan zu den Straßen, über die das Werkzeug nach Paris und Petersburg geschafft werden konnte; im Gelpetal blieben nur die kleinen Kotten und Hämmer erhalten, fünf von ihnen gab es auch noch nach dem letzten Krieg. Seit 1973 steht nun aber

auch der letzte Hammer still, jetzt haben die Erholung-
suchenden das Gelpetal für sich alleine.

Am Parkplatz „Clemenshammer" entdecken wir die Hinweistafeln, studieren Aufbau, Lageplan und Inneneinrichtung
eines Hammers oder Kottens, legen uns auch einen Weg
zurecht, für den Anfang den „A 2" nach Westen im Osten –
da machen wir gleich eine glückliche Bekanntschaft: Wir
treffen Franz Bertram, der vierzig von seinen fünfundachtzig
Jahren hier Schulmeister gewesen ist. Er begleitet uns ein
Stück den Weg hinauf, und wenn er stehenbleibt am Berg,
dann ist es nicht, um Luft zu holen, sondern um Geschichten
zu erzählen. Er hat die Nachbarn noch erlebt als Knieschlei-
fer und Feilenhauer. Die Schläge vom Steffenshammer hat er
durch den Felsboden und durch das Fundament hindurch im
Bett verspürt, und wenn einer dazu Gedichte schreibt wie er,
dann werden das vielleicht daktylische Verse auf Remscheider Platt wie die folgenden: „Sing Pöste ut leken / sing
Aahsse ien Buom / ech hühr em noch klipstern on klapstern
em Druom." (Seine Pfosten aus Eiche, seine Achse ein
Baum, ich hör' ihn noch klippern und klappern im Traum.)
Was die Tafeln am Weg an Informationen bieten, das reichert
Bertram mit Erfahrung aus dem Augenschein an: Er erzählt
von der Arbeit in den Kotten, wo das Spritzwasser die Wände
im Winter mit Eis belegt hat und wo die Arbeiter nur auf
geschüttetem Erbsenstroh schliefen und statt eines Ofens
nur ihren Doppelkorn hatten; von der Nachbarin, die
28 Jahre lang ihrem rheumatischen Mann die Eisen aus dem

Feilenhauerwerkstatt im Remscheider Werkzeugmuseum

Herd herüberreichen mußte, und die, wenn dann der Schwanzhammer das Eisen breitete, nebenher noch stricken mußte gegen Geld; und von den Kindern im Gelpetal, die über ihrer harten Arbeit anspruchslos gehalten wurden.

Dann muß er zurück, das Essen wartet auf dem Tisch, aber zum Abschied sagt er nach all den Geschichten: „Wenn Sie noch einmal kommen, erzähl' ich Ihnen was."

Unser Weg, der „A 2", steigt gleich hinter dem Steffenshammer von 1746 und den letzten Häusern des Fleckens rechts als Fußweg hinauf, kommt im Stangenwald auf dem Grat des Bergrückens nach oben; wir kreuzen einen breiteren Weg und haben dann beim Blick zurück Remscheid gegenüber liegen, die „Seestadt auf dem Berg", wie sie wegen ihrer alten überseeischen Verbindungen noch immer heißt.

Dann kommen wir nach Westen und folgen unserem Weg ein wenig durch den schönen Ort, bis er am Haus Nr. 28 das Dorf nach links verläßt. An einer grünweißen Eisenschranke erreichen wir den Wald. Ehe unser Weg in das Saalbachtal abfällt, folgt er dem Querweg nach rechts (weiter „A 2"). Bald senkt er sich in das Tälchen des Heusieper Siefens, verläuft ein Stück bachaufwärts und kommt dann drüben als Teerweg wieder hinauf.

So erreichen wir am Ende Heidt auf der Höhe, ein Dorf mit schönen Fachwerkhäusern. Hier weist ein Schild auf die „Dörpfeldstraße", das aussieht, als hätte man es in der Wuppertaler Altstadt heimlich abgeschraubt, denn es ist das einzige in seiner Art; doch immerhin entdecken wir beim Weiterwandern, bei dem Schild in der Ortsmitte halblinks, am Waldrand dann das Dörpfeld-Haus (Nr. 28) mit einer mäßig irreführenden Inschrift: Zur „250. JAHRFEIER DER DÖRPFELD-SCHULE" wurde diese Tafel 1930 aufgehängt; so lange aber wird die Schule den Namen des berühmten Pädagogen nicht getragen haben, denn der wurde erst im Jahre 1824 geboren. Hier verlassen wir den Teerweg und kommen in den Wald und bergab. Bald stoßen wir wieder auf eine Fahrstraße und folgen ihr nach links zur Ronsdorfer Talsperre. Wer bisher noch nicht genug gelernt hat auf seinem Weg durchs Gelpetalgebiet, dem bringt die Stadt Wuppertal gerne noch etwas bei: Dazu hat sie eigens hier am See einen Waldlehrpfad eingerichtet.

Als die 21 Meter hohe Mauer 1898/99 hier gezogen wurde, war einer Handvoll Kottenbesitzer am Saalbach buchstäblich das Wasser abgegraben. Inzwischen ist die Talsperre selber nur noch ein Denkmal der Landschaftsplaner, ihr Wasser brauchen heute nur die Angler im Schilf.

Wir spazieren über die 180 Meter lange Mauer auf die andere Seite und folgen nun dem Weg „A 3" (und „W") nach rechts. Wir kommen durch dunklen Fichtenwald, bis in einer Lichtung vor uns Schweine grunzen. Die Tradition der Buchekkern- und Eichelmast der alten Saalscheider Genossenschaft wird hier im Wald zumindest noch symbolisch hochgehalten. Vor der Waldweide verläßt unser „A 3" den Weg „W" und führt geradewegs den Hang hinauf. Oben vor dem Zaun biegt er dann nach links und bleibt nun einen Kilometer auf der Höhe.

Nach einer Weile durchqueren wir das Gelände einer Baumschule im Wald, dann geht es bei einer Holzhütte rechts in weiten Kehren hinab ins Tal des Teufelssiefens und dann mit dem Wasserlauf der Gelpe entgegen.

Beim ersten Haus von Käshammer sitzt Besuch im Vorgarten, die Frauen haben Kaffee, die Männer Bier in Flaschen, und alle warten auf die Nachricht aus dem Radio, wer Deutscher Meister wird im Fußball.

An der Gaststätte „Käshammer" kommen wir ins Gelpetal zurück und folgen hier dem Teerweg diesseits des Baches.

Ständig weisen nun gelbe Schilder mit einem oberschlächtigen Mühlrad als Symbol auf die Sehenswürdigkeiten im Gelpetal, das deshalb, und nicht, um es etwa von anderen zu unterscheiden, von den angrenzenden Städten so nachdrücklich „historisches Gelpetal" genannt wird.

Vier Kotten oder Hämmer kamen hier im Schnitt auf einen Kilometer, da haben sich die Anrainer denn immer wieder vor dem Elberfelder Landgericht in den Haaren gelegen wegen irgendwelcher Wasserstreitereien.

Der Zank verschwand erst mit den Kotten aus dem Gelpetal. Dafür kamen dann die Ausflügler, die Ausgleichsbecken wurden Kahnweiher, und mancher Kotten Gastwirtschaft.

Das war um 1904, als auch das Gasthaus „Zillertal" gezimmert wurde, das wir als nächstes passieren, und hier ist der Andrang noch immer am größten, hier gibt es Kaffee für die Großen und Ponys für die Kleinen.

In der Woche aber, so hatte Franz Bertram gesagt, ist er auf seinen Wegen oft alleine, da begegnet ihm auch auf dem Stück zurück zum Clemenshammer längs der Gelpe kaum ein Mensch, nur hie und da liegt eine Zigarettenschachtel, und die wird dann mit dem Spazierstock still beerdigt.

Durchs Gelpetal bei Wuppertal

Weglänge: 9 km

Anfahrt:
A 1 bis Wermelskirchen/Burg a. d. Wupper; über Burg Richtung RS-Westhausen, der Straße folgen bis zur B 229, dort rechts und nach 300 m links Richtung RS-Hasten/Wuppertal. Auf der „Edelhoffstraße" bis zur „Hastener Straße", hier links bis Gerstau, dort Morsbachstraße rechts bis „Clemenshammer" (Parkplatz).

Wanderkarte:
L 4708 Wuppertal

Wanderweg:
Ab Clemenshammer „A 2", hinter „Steffenshammer" rechts auf Bergrücken ① in den Ort Westen; an Haus Nr. 28 links, vor Saalbachtal rechts ② durch Siefental ③ und wieder bergauf nach Heidt; in der Ortsmitte halblinks bis zum Dörpfeldhaus (Nr. 28); Teerweg verlassen, im Wald bergab und auf der Fahrstraße zur Ronsdorfer Talsperre. Jenseits der Staumauer „A 3" rechts, vor Waldweide bergauf und oben vor dem Zaun ④ nach links, nach 1 km bei Holzhütte ⑤ rechts bergab, am Teufelssiepen vorüber ins Gelpetal; längs der Gelpe zurück.

Einen Besuch wert ist auch das Heimat- und Werkzeugmuseum in RS-Hasten, am Ortsrand in der „Cleffstraße 2–6", neben der „Hastener Straße" (Hinweisschilder). Eintritt frei; Öffnungszeiten: Mi–Sa 9–13 und 14–17 Uhr, sonntags 10–13 Uhr. Der „Steffenshammer" in Clemenshammer (also am Weg) ist geöffnet Sa 14–17 Uhr und So 10–13 Uhr, ansonsten nach Voranmeldung (0 20 90/44 25 19).

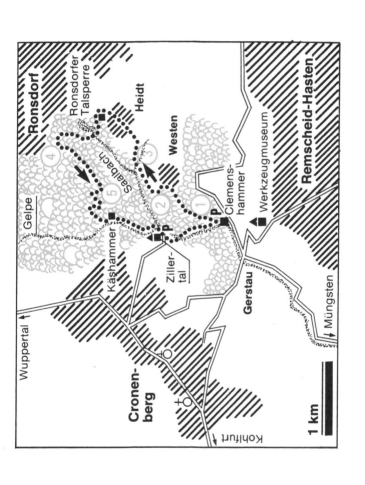

Tippeltour 6:

Wo liegt der Schatz?

Ein weiter nicht bekannter „Ritter von dem Velde" soll hier eine Burg besessen haben. Daneben ließ er eine Kirche bauen, und als er fortzog mit den Seinen, ließ er einen Schatz zurück, der war gewaltig. Das alles tat er, wie es heißt, „in grauer Vorzeit". Genaueres ist nicht bekannt; und wartete der Schatz von Wipperfeld nicht noch auf einen, der ihn findet, dann wäre das Dorf auf der Höhe wohl überhaupt nicht aufgenommen worden in das größte Sagenbuch des Landes. So aber sind ihm immerhin acht Zeilen zugedacht, acht Zeilen, die lakonisch enden: „So liegt der Schatz noch heute dort."

Das Dorf hat schon immer im Abseits gelegen: abseits des Heerwegs von Köln nach Westfalen, und seit der alte Heerweg Bundesstraße heißt, abseits des großen Verkehrs. Man sieht vielleicht, wenn man sie sucht, die Kirche des St. Klemens rechts der Straße, doch schnell ist man vorüber und hat sie dann vergessen. Aus der Nähe wirkt sie so, daß man sich leicht an sie erinnert. Unbestritten liegt sie in der Mitte, alles andere liegt tiefer, abgesetzt vom Hügel: der Kirchhof mit den alten Kreuzen, die Fachwerkhäuser mit den grauen Dächern, der Dorfplatz, wo wir jetzt für einen schönen Nachmittag den Wagen lassen. Wir folgen der Straße an der Kirche vorüber nach Südosten, beim „Haus Hembach" schon entfernen wir uns von der Straße und nehmen den schmalen Teerweg ins Tal („A 2"). Am Ende des Dorfs verschwenkt sich der „A 2" leicht links und führt dann weiter hügelab. Wir laufen unten gegen eine Böschung mit Fichten, der Querweg gabelt sich zur Rechten hinter einem kleinen Wasserlauf, und bei der Holzbank nehmen wir den Weg halbrechts in die Böschung hinein. Durch eine Kehre geht es in den Hochwald. Bei einer Kreuzung im Wald wechseln die Fichten mit Eichen, wir wandern weiter geradeaus. So kommen wir zum Wald hinaus und durch ein lichtes Wiesental (Weg „K").

An der Straße ist ein Bach zu einem See gestaut. In der Scheune des Wipperfelder Sportfischervereins stehen die Männer mit Bier in der Hand, und könnten die Fische gegen-

Der schönste Blick vom Hägerberg: Wipperfeld

über die Gespräche hören, so würden sie das Weite suchen, anstatt die Mücken aus der Luft zu fangen.

Wir laufen auf dem Fahrweg am Weiher entlang, dahinter bleiben wir im Tal geradeaus, bis der Weg nach rechts durchs Tal schwenkt und uns hoch nach Oberschwarzen bringt. In Kurven folgen wir dem Fahrweg durch den Ort, an einem Sandsteinkreuz vorbei, schließlich noch durch einen Hof hindurch (weißer Kreis als Zeichen), und kommen dann wieder ins Freie, auf eine Fahrspur in der Wiese, die uns hoch bis an den Waldrand bringt.

Beim Hochsitz an der Eiche stoßen wir auf einen neuen Weg („T" und „A 3") und folgen ihm nach rechts über den Höhenrücken. Der Buchenwald rückt näher aus dem Tal zur Linken, und wir erreichen eine Fahrstraße, wo wir die neuen Zeichen verlassen und uns links und abwärts halten.

Nur etwas mehr als hundert Meter später verlassen wir bereits die Straße wieder, nehmen links den für Fahrzeuge gesperrten Weg und umrunden so in sanfter Biegung den Buckel zur Rechten. Den Weg, der hinter einer Lichtung auf der linken Seite scharf nach rechts abzweigt, beachten wir dabei nicht. An der Außenseite unseres gekrümmten Weges plätschert bald ein kleiner Siefen in seinem schmalen Graben, ihm folgen wir bis auf das freie Feld. Mit prallen Eutern stehen Kühe auf der Höhe und wollen gemolken werden, als sie uns sehen. Davon aber lassen wir die Finger, behalten unsere Richtung bei, kreuzen die Stromleitung und passieren dann den Flecken Hof.

An der Schulbushaltestelle wenden wir uns auf der Straße halblinks, folgen so dem Siefen durch die Wiesen, bis wir nach wenigen hundert Metern die Sülz und die Talstraße erreichen.

Für fünfhundert Meter wenden wir uns hier nach links, hart auf der weißen Fahrbahnmarkierung, dann steigen wir hinauf nach Thier. Hinter dem Minigolfplatz mit dem Wanderpark-

In Thier

platz, gegenüber der Gaststätte in Ahe, führt der Weg „A 3"
den Berg hinauf. Es ist dies wohl der alte Kirchweg für die
Leute der Umgebung, seit in Thier der Gottesdienst gefeiert
wurde. Das war nicht ohne Schwierigkeiten zu erreichen.
Noch 1794 wehrte sich im fernen Lindlar Pfarrer Potthoff mit
Erfolg gegen den Plan der Eingesessenen von Thier, ihr
Kapellchen auf dem Berg zur Pfarre zu erheben: „Sie unter-
stehen sich, meinen Pfarrkindern haufenweis zu leibe zu
gehen", schrieb er empört an die Regierung. Wer die Bauern
erst mal in der Kirche hatte, konnte ihnen mit dem Klingel-
beutel kommen, und unterm Strich blieb da ein Minus für die
Pfarre Lindlar. Andererseits war es unchristlich weit von
Thier bis nach St. Nikolaus in Wipperfürth: In Frielingsdorf,
drei Berge weiter, waren so schon Täuflinge erfroren auf
dem Heimweg von der Taufe, und wenn es in Frielingsdorf
kalt war, knackte auch in Thier der Frost in den Bäumen. So
kam man am Ende doch noch an eine Kirche, 1895 wurde die
schlanke, gotisierende St.-Anna-Kirche errichtet, neben der
wir die Straße erreichen.
Hinter der Kastanie jenseits der Straße finden wir auch einen
freien Tisch im Gasthaus, so daß wir erst nach einer Pause
weiterwandern, südwärts auf der Höhenstraße („A 3").

Bei der Haltestelle „Am Buschfelde" verlassen wir die breite
Straße, folgen weiter dem „A 3" und kommen rasch zum Ort
hinaus. Es geht durch einen Streifen Wald, noch vor dem
nächsten Haus zur Rechten zweigt schon unser Weg nach
rechts ab und fällt sacht durch die Wiesen ab ins Tal.
Unten überqueren wir die Straße und die Sülz zum zweiten-
mal und kommen auf dem „A 3" nach Jörgensmühle. Beim
Wegkreuz am Querweg halten wir uns links, auf die Sülz und
auf die alte Mühle zu, und vor der Brücke nehmen wir den
Weg bachabwärts. Ein wenig später nur entfernt er sich vom
Wasser, steigt an durch einen Streifen Wald, und hier verfolgen wir nun einen Weg, der links abzweigt und, etwas oberhalb des Tals, dem Bachlauf folgt.
So wandern wir für einen knappen Kilometer durch das Tal,
dann kommt von rechts der Weg „A 4"; wir folgen ihm bis in
ein Seitental der Sülz, wo er, von Pappeln gesäumt, nach
rechts schwenkt und uns hinter einem Grundstück in den
Wald bringt.
Der Untergrund ist weich von Tannennadeln, der Bach
springt unter uns der Sülz entgegen. Schließlich geht es zum
Wald hinaus, wir kommen hier nach Unterschwarzen. Nur
dreißig Meter folgen wir der Straße durch das Tal nach
Norden, schon gegenüber dem Ortsschild führt der Weg

„A 4" durch einen Hof hindurch und dann den Berg hinauf
mit Eichen und Büschen von Haselnuß.

Am Querweg oben gehen wir ein Stück nach links, dann folgt
unser „A 4" dem Fahrweg nach rechts und weiter bergauf,
bis wir ihn in einer scharfen Kehre abermals nach rechts
verlassen. Hier folgen wir nur noch der Straße geradewegs in
den Ort, der von Wipperfeld aus übern Berg liegt und wohl
deshalb Überberg heißt. Schnell ist der kleine Ort passiert,
die Straße schwenkt nach rechts, aber nun sehen wir schon
unsere Richtung: Oben auf dem Hägerberg steht eine Linde
mit einem Wegkreuz darunter – Rast für die Kirchgänger von
einst, die sich hier den schönsten Blick auf Wipperfeld und
auf St. Klemens eingerichtet hatten.

Wir sind nicht alleine auf unserem Feldweg: Drei Männer
steigen vor uns auf und verlieren sich beinahe in der zittern-
den Luft über den trockenen Feldern. Mag sein, daß sie zur
Kirche wollen; womöglich ist es ihnen aber auch nur um ein
Bier zu tun. Vor zwanzig, dreißig Jahren schließlich hätten
sie auch noch ein drittes Ziel verfolgen können: Da kam am
Freitag der Friseur nach Wipperfeld, von Kürten mit zwei
Helfern und der Trockenhaube in einem Goggomobil, und
hat im Schankraum vom Schmitz Robert bei der Kirche den
Leuten die Haare geschnitten.

Die Männer gingen gerne zum Friseur, und weil sie wußten,
daß ein guter Haarschnitt dauern konnte, hatten sie ihr Skat-
blatt in der Tasche, und keiner hat gedrängelt, man ließ im
Gegenteil ganz gerne einen vor, denn was macht so durstig
wie ein Fassonschnitt?

Heute muß man für die Prozedur nach Wipperfürth. Dafür
kommen Ausflügler nach Wipperfeld, die Gartenterrasse ist
beinahe voll. Den Schatz hat immer noch keiner gefunden,
aber vielleicht ist der Schatz von Wipperfeld auch nur die
Lage abseits von allem?

Von Wipperfeld aus durchs Bergische

Weglänge: 12 km

Anfahrt:
Über B 506 Richtung Wipperfürth bis Lamsfuß, hier rechts nach Wipperfeld. Parkplatz unterhalb der Kirche.

Wanderkarte:
1:25000 Wipperfürth oder L 4908 Solingen mit L 4910 Gummersbach.

Wanderweg:
Auf der Straße an „Haus Hembach" ① vorüber („A 2"), am Waldrand ② rechts, links, dann Weg „K". Am Weiher ③ vorüber nach Oberschwarzen (Kreis). Oberhalb am Waldrand ④ rechts, auf Fahrstraße ⑤ abwärts, nach gut 100 m Weg links ⑥ um Buckel herum und mit Siefen nach Hof, weiter bis zur Sülztalstraße, in Ahe Aufstieg nach Thier. Rechts „A 3", bei Haltestelle, „Am Buschfelde" ⑦ Straße verlassen, unten Straße und Sülz überqueren, nach Jörgensmühle. Dem Sülztal folgen ⑧, im Seitental ⑨ rechts, in Unterschwarzen ⑩ links und weiter „A 4" bis zum Fahrweg ⑪. Durch Überberg und an Linde vorüber zurück.

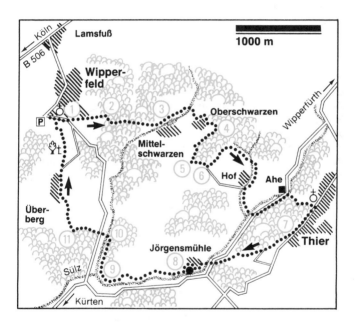

Tippeltour 7:

Viel Ehre für Otto

„Wenn vie chon, dann chon vie no Cummerschbach, un süs chon wie char nich", das sagten die Altvorderen in Oberberg: „Wenn wir gehen, dann gehen wir nach Gummersbach, und sonst gehen wir gar nicht."

So apodiktisch halten wir es nicht, aber für heute sind wir unterwegs in Richtung Gummersbach. Der blaue Himmel und die kalte, klare Luft versprechen einen schönen Weg und weite Blicke zwischendurch.

In Berghausen auf der Höhe beginnen wir den Marsch, auf dem „Eichholzweg" kommen wir schnell ostwärts und zum Ort hinaus. Der Weg ist als „A 3" markiert, doch der die Zeichen hier gesetzt hat, der hat den Rundweg sich in einer Richtung nur gedacht: So sehen wir die Wanderzeichen nur von Mal zu Mal, wenn wir uns umdrehen. Am Ortsende fällt der Weg schmal zwischen Wiesen ins Tal und führt dann in den Wald. Fichten wechseln mit Buchen, der Weg schwenkt rechts durch eine Quellmulde und dann im Fichtenhochwald wieder links. Zwischen hellen Birkenbüschen unterqueren wir die Hochspannungsleitung.

In einer Schneise taucht vorübergehend unser Ziel auf: der Turm auf der Gummershardt, dreitausend Meter, nähme man den Weg durch die Luft.

Unser Weg verläuft auf halber Höhe zwischen Nordhelle und Gelpebach; wo er sich zwischen Fichten einmal gabelt, halten wir uns links, um nicht zu früh an Höhe zu verlieren. Schließlich stoßen wir auf den Höhenweg auf dem Rücken des Berges; hier wenden wir uns in spitzem Winkel gleich wieder nach rechts („A 6") und kommen nun durch dichten Wald zügig ins Tal. Als flacher Hohlweg schwenkt der Weg „A 6" zum Wald hinaus; vor uns liegt Hülsenbusch, das Ziel für die erste Etappe.

An der Talstraße wenden wir uns nach rechts, verlassen sie schon bald nach links und kommen durch die „Obergelpestraße" in den Ort hinein. Der hat den Namen zwar vom Stechpalm, der sich hier im feuchten Bruchland rechts und links des Baches häufig fand; das Wahrzeichen im Ort sind aber zwei andere Bäume: Mammutbäume, „WELLINGTONIA GIGANTIA", wie wir hinterher beim Bier erfahren, die können auch vier Männer nicht am Stamm umfassen. Auf der Höhe führt der Weg uns auf die „Schwarzenberger Straße", und ihr folgen wir nach rechts zum alten Mittelpunkt des Dorfes. Die Fachwerkhäuser auf dem Buckel, der nach drei Seiten abfällt, werden alle überragt von dem massigen Kirchturm, auf dessen Quader eine große Schieferhaube sitzt. Im Innern ist der Saalbau eher spielerisch-barock mit weißen Wänden, grauem Holzwerk und feinadrigem Marmor, dem man dann aus nächster Nähe anmerkt, daß er wohl nicht weit von hier gewachsen ist.

Was andernorts der „Marktplatz" oder „Kirchplatz" wäre, das trägt den Namen hier nach einem Hülsenbuscher Schulkind und heißt dann stolz „Otto-Gebühr-Platz". Ein Großvater war Bürgermeister der Gemeinde, der Enkel hat ihn später deutlich überflügelt: Seit 1921 war er „Fridericus Rex", und dank der UFA wurde er für ein Millionenpublikum dem Preußenkönig ähnlicher, als dieser es sich selber jemals werden konnte. Wie zum Beweis hängt er im „Schwarzenberger Hof" als Fridericus an der Wand. Er spielte Friedrich schon zur Stummfilmzeit, und als man später dann dem Film die Flötentöne endlich eingetrichtert hatte, da ging es gleich entsprechend weiter: „Das Flötenkonzert von Sanssouci" und „Der Choral von Leuthen" waren die nächsten Filme mit Otto Gebühr als Preußens Gloria, sieben kamen so zusammen bis 1942.

Am Wanderparkplatz hinter dem „Schwarzenberger Hof" orientieren wir uns neu und folgen dann dem „Albert-Stiefelhagen-Weg" zum Ort hinaus. Als Dorfschulmeister kann man auch in Hülsenbusch so lange rackern, wie man will – und wäre es denn auch am selben Pult von 1885 bis 1927: Ein Schauspieler ist allemal bekannter, und deshalb hängt dem „Albert-Stiefelhagen"-Schild ein zweites an, das uns ein wenig Aufschluß über seinen Namensgeber gibt, während der „Otto-Gebühr-Platz" ohne solchen Hinweis auskommt.

Der Weg verengt sich am Ortsrand. Wo wir auf einen Teerweg stoßen, nehmen wir gleich den Fahrweg nach rechts zur „Gummershardt" („A 2").

Der Weg schwenkt ein wenig nach links und kommt dann in den Wald; hinter einer Waldweide kreuzen wir einen splittgestreuten Fahrweg, gehen weiter geradeaus, passieren nochmals einen Querweg und kommen so immer weiter an die Gummershardt heran und dabei sanft bergauf („A 2").

In einer Lichtung sehen wir den Turm schon über uns, dann

schwenkt der Weg noch einmal nach rechts und dreht sich sacht und stetig um den Berg herum nach links, bis wir den Waldrand erreichen. Noch haben wir den Aussichtspunkt am Gipfel nicht erreicht, doch weiter kann der Blick dort oben auch nicht sein: Gummersbach liegt vor uns, kaum zu sehen hinter Höhenzügen, das Mittelgebirge staffelt sich südwärts in immer helleren Tönen bis zum Horizont, den wir irgendwo im Siegerland vermuten.

Vor uns liegt im Tal der Weiler Gummeroth; Spaziergänger kommen herauf, und wo sich unsere Wege am Waldrand treffen, halten wir uns links, bergauf, und kommen in den Wald hinein (Wanderweg 11 a mit Andreaskreuz „X").

Am Ende der schwarzen Fichtenpartie kommt helles Birkengehölz; unterhalb des Turms, den wir nun wieder über uns sehen, kreuzen wir noch einen Splittweg, dann erreichen wir den Zaun um den Fernsehturm, halten uns hier links und stoßen gleich auf einen massigen Steinturm.

Wäre es vor Zeiten hier mit rechten Dingen zugegangen, dann stände heute auf der Gummershardt ein Kirchlein: Die frommen Dörfler und die Schweinehirten, die hier ihr Vieh in die Eichelmast trieben, begannen auf dem Gipfel ein ums andere Mal mit einem Kirchenbau, aber jeden Morgen, wenn sie wiederkamen, lag die Baustelle in Trümmern. Des Täters konnte man nicht habhaft werden, so schrieb man ihn als bösen, schwarzen Mann zur Fahndung aus und baute das Kirchlein am Ende in Gummersbach, da hatte man Ruhe. Den Turm, den man ihm später auf den Berg gesetzt hat, den hat der Schwarze stehen lassen, und so hat man es dann auch noch mit einem weiteren versucht.

Gut fünf Dutzend Stufen bringen uns nach oben, und wer nun endlich auf der Plattform steht, der will auch was entdecken, nicht nur den Turm von nebenan: „Müllenbach liegt da", erklärt der Nachbar, „dann ist das da Dannenberg, und dieses wäre dann der Unnenberg" – und überhaupt sei man ja lange nicht mehr hiergewesen, da habe sich wohl viel verändert. Verändert hat sich auch der Wald ringsum, die Bäume sind gewachsen seit der Grundsteinlegung.

Endlich steigen wir hinab, fünfzehn Meter vom Turm, und dann noch einmal vom Berg und treten den Rückweg an.

Wir folgen weiter dem Andreaskreuz nach Westen, passieren mehrere Querwege, bleiben dabei aber immer in der Fallinie des Berges, bis unser Weg „11 a" am Ende selber abbiegt und nach rechts schwenkt.

Wir folgen ihm nordwärts, vorbei an der hölzernen „Gelpeblickhütte"; so kommen wir rasch talwärts. Bald erreichen
wir die Straße in Wegescheid, halten uns hier links und dann
auf der „Wegescheidstraße" nach rechts, wo uns gleich
gegenüber das Kreuz den Weg auf die Nordhelle weist. Der
Weg schwenkt noch einmal nach links und folgt dann nur
noch kilometerweit dem Rückgrat dieses Höhenzuges, vorbei an der „Kreuzbirken-Hütte" und am Trimm-Dich-Pfad für
Unermüdliche.
Am Friedhof erreichen wir wieder Berghausen. Zwischen den
Bäumen dämmert es schon, nur fern über uns ist der Himmel
noch blau. Ein Flugzeug blinkt hoch oben in der Sonne, aber
dieser Sonnenstrahl ist ungefähr so weit von uns entfernt,
wie wir von Start bis Ziel zu laufen hatten.

Über Hülsenbusch zur Gummershardt

Weglänge: 13 km

Anfahrt:
A 4 bis Engelskirchen/Ründeroth, über Schnellstraße Richtung Marienheide, Hülsenbusch; in Nechen links hinauf nach Berghausen, Parkgelegenheiten im Ort.

Wanderkarte:
L 4910 Gummersbach

Wanderweg:
Über „Eichholzweg" auf „A 3" nach Osten, durch Waldböschung, auf Bergrücken ① rechts abwärts „A 6". Talstraße ② rechts und durch „Obergelpestraße" nach Hülsenbusch hinauf, oben „Schwarzenberger Straße" bis Wanderparkplatz ③, über „Albert-Stiefelhagen-Weg" den Ort verlassen, am Ortsrand ④ rechts „A 2"; Weg folgen bis zum Waldrand über Gummeroth ⑤, links Aufstieg („X") zum Turm; Abstieg auf 11 a („X") bis Rechsschwenk ⑥, an „Gelpeblickhütte" vorbei bis Wegescheid, Straße rechtsversetzt kreuzen ⑦ und 11 a („X") über Bergrücken an ① vorbei zurück.
Einfacher ist der Aufstieg von Hülsenbusch zum Turm, wenn man am Ende des „Albert-Stiefelhagen-Wegs" der Beschilderung folgt. Abstieg dann wie beschrieben.

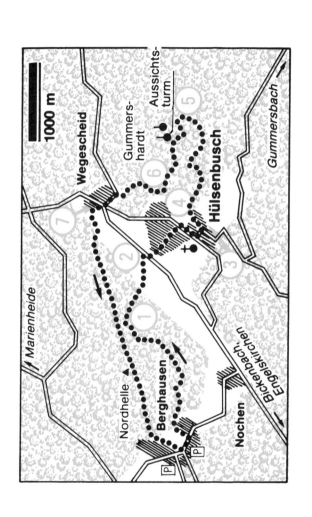

Tippeltour 8:

Die Heimat des schlauen Hick

Vor langen Jahren, als das Wünschen noch geholfen hat, da waren dann und wann noch Märchen möglich. Später hatte niemand mehr drei Wünsche frei, da mußte man sich selber helfen, etwa wie der arme Hick: Der war der ärmste Mann in Lieberhausen, und das war schon das ärmste Dorf der ganzen Grafschaft Gimborn-Neustadt. Der hatte nur noch eine alte Kuh, das übrige von dem, was er besaß, das trug er bei sich, und das kostbarste davon auf seinem Hals: Das war sein Kopf – womit nun allerdings fünf Kinder auch nicht ohne weiteres zu füttern waren. Das ging schon eher mit der Kuh, und so schlachtete der arme Hick das treue Tier, aß sich gründlich satt mit seinen Kindern und zog dann mit dem Fell nach Köln, um dort sein Glück bei einem Gerber zu versuchen.

Die Lederpreise waren auch am Rhein nicht höher als in Oberberg, und trotzdem wurde Hick in Köln zum reichen Mann: Am Heumarkt kehrte er im Wirtshaus ein und wurde Zeuge, als die Wirtin einen Mönch traktierte, und das nicht nur mit Wein und Würsten. Als kurz darauf der Wirt erschien, ließ Hick ihn wissen, was er selber wußte, doch tat er dabei wie ein Wahrsager, der prompt und wiederholt ins Schwarze traf. Darüber zog er dem gehörnten Schankwirt manches Goldstück aus der Tasche.

Jede Tat hat ihren Preis: Der arme Hick kam als gemachter Mann nach Lieberhausen, der Mönch trug seinen Lohn mit Zins und Zinseszins noch lange bei sich, auf dem Buckel nämlich, grün und blau. Zu Hause aber hatte Hick schon wieder ein Problem: Wie sagte er es seinen Dörflern? Die waren freilich nun die allerdümmsten in der Gegend, und daher band er ihnen einen Bären auf, als hätte er die Prämien der Europäischen Gemeinschaft für das Abschlachten von Milchvieh schon gekannt: Leder sei in Köln entsetzlich teuer, da würde doch ein Rindvieh glatt in Nerzen aufgewogen!

Die Kühe hörten es mit Schrecken, am nächsten Morgen waren alle tot, geviertelt und enthäutet; ganz Lieberhausen zog nach Köln und bot dort Leder feil wie sauer Bier.

Der Rest ist schnell erzählt: Die Bauern wollten Hick ersäufen, doch wieder war er überlegen, und wer im Rhein ertrank, das war mit Mann und Maus ganz Lieberhausen, nur einer nicht, der schlaue Hick.

Was tut man nun mit einem solchen Mann? Setzt man dem vielleicht ein Denkmal? In Lieberhausen hat man ihm zu Ehren eine Tafel aufgehängt, Hick in Holz auf seinem Weg nach Köln. Mehr ist allerdings von ihm hier nicht geblieben, im Telefonbuch sucht man seine Nachgeborenen vergebens. Bis wir ihn im Dorf entdecken, dauert es von nun an noch drei gute Stunden, denn der Parkplatz liegt am Rande von Lieberhausen, und der Weg führt erst einmal hinweg von dort.

Wir folgen nur ein Stück der „Rengser Straße" in Richtung Niederrengse, schon in der Kurve, dicht hinter dem Orts-schild, nehmen wir den Fußweg, der zwischen der Straße und einem Teerweg zur Linken ebenfalls talwärts führt (Andreaskreuz „X" des Wanderwegs 19).

Beim Hof Rosenthal kreuzen wir schon bald die Straße und wandern auf dem schmalen, aber trockenen Fußweg weiter durch die erfrorenen Wiesen, bis wir den Flecken Rosenthal-seifen erreichen. Hier bleiben wir zwischen den Häusern und dem Bächlein, hinter dem die Straße talwärts führt. Unten passieren wir einen verlassenen Steinbruch, dann stoßen wir

„In der Kurve bergauf": Der Blick vom Weg

im Tal des Rengsebachs auf einen Teerweg und folgen ihm
nach links, auf die Häuser von Niederrengse zu.
Ein kurzes Stück nur folgen wir der „Meinerzhagener
Straße": Den Fahrweg nach Höh lassen wir noch rechts
liegen, aber nur ein paar Meter weiter halten wir uns rechts
(„Am Oever"), bis wir bei den alten Fachwerkhäusern sind,
und nehmen dann den Weg halblinks zum Ort hinaus und auf
die Höhe („X").
Oben stößt der Weg in scharfem Knick zurück nach links, wir
unterqueren die Straße, müssen dann erneut nach rechts,
folgen dem Weg hinweg über ein Wegekreuz mit vielen
Wanderwegmarkierungen, bis wir wieder an der Fahrstraße
stehen, wo verschiedene Fahrwege sich treffen. Hier, wo es
jetzt ein zweites Mal nach Höh geht, kreuzen wir die Autostraße, nehmen aber nicht den Weg nach Höh, sondern den
gesperrten Weg halblinks, der uns schriftlich einen Aussichtsturm verspricht (Wanderwege 3 und 19, beide mit „X"
markiert).
Der Teerweg führt noch im Schatten des Berges in einer
Kurve bergauf, beim Kirschbaum, wo erneut ein Weg nach
Höh beginnt, bleiben wir links und kommen weiter auf die
Höhe, vorüber an einer hölzernen Hütte. In den langen
Schatten vor den Waldpartien sind die Wiesen weiß, und
auch der Himmel sieht wie zugefroren aus.

Oben endet der Teerweg, am Waldrand gabelt sich der Weg, wir wandern weiter geradeaus im Fichtenhochwald. Dort trennen sich dann bald die beiden Wanderwege, denen wir bisher gefolgt sind: der breitere, Weg 19, läuft zunächst noch geradeaus; wir nehmen nunmehr den Weg 3 („X") ein wenig rechts. Der Pfad ist anfangs schmal, durch Schnee- und Windbruch auch ein wenig zugedeckt, doch rechts und links an Stümpfen und Stämmen deutlich markiert.

Wir kreuzen einen splittgestreuten Wirtschaftsweg, und mehrfach wechselt um uns junger Fichtenwald mit dünnem Holz von kahlen Eichen. Schließlich fällt die Böschung links und rechts des Wegs ein wenig stärker ab, und wir erreichen einen Buckelberg, der „Knollen" heißt und auch so aussieht. Dort steht rund hundert Meter weg vom Weg in einer Schneise der fest gefügte Aussichtsturm aus Holz. Drei Ecken hat der wuchtige Koloß, im Süden sieben Holzbalkone, und zwischen jeweils zweien sind es vierundzwanzig Stufen.

Natürlich haben wir mit Wind gerechnet, doch was uns oben in die Jacken fährt, ist mehr, als wir erwartet haben. Dafür lohnt dann der weite Blick auch doppelt, der schnell hinweggeht über Hackenberg und auch Bergneustadt.

Unten führt uns unser Weg nun rasch zur Siedlung Hackenberg („X"), und schon nach einem Kilometer haben wir die hohen Wohngebäude vor uns. Wir stoßen auf die Straße, wenden uns nach rechts und steigen gleich hinter der Bushaltestelle „Zum Beuel" auf einem schmalen, anfangs unmarkierten Hohlweg wieder ab ins Tal.

Wir kommen rasch bergab und halten unsere Richtung bei, bis unter uns die Wasserfläche des Aggerstausees schimmert. Dort halten wir uns weiter ostwärts; der Zulauf aus der Rengse fließt als Bach hier durch die flache, kahle Uferböschung wie ein Priel durchs Wattenmeer. Auf dem Damm des kleinen Vorstaubeckens wechseln wir hinüber auf die andere Seite des Wassers und wenden uns dann bei der rotweißen Eisenschranke abermals nach links. Den Weg verfolgen wir für eine lange Zeit und haben dabei stets die Aggertalsperre zur Linken. Hier hat der Weg auch wieder einen Namen: Er heißt „A 2" und folgt dem Wasserrand durch jede Krümmung im Gelände. Die Luft ist kalt und klar, ein kleines Feuer auf dem Uferstreifen gegenüber, wo zwei Angler sich die Finger wärmen, riechen wir schon lange, ehe wir den dünnen Streifen Rauch erkennen, und auch die kleinen Sportmaschinen,

die vom nahen Flugplatz „Auf dem Dümpel" in den Himmel
steigen, haben wir länger im Ohr als im Auge.
Drüben tauchen endlich Häuser auf: Breidenbruch und später Deitenbach, auch vor uns haben wir jetzt Häuser.
Bei der grünweißen Eisenschranke erreichen wir den Damm
im See, wir bleiben weiterhin auf dem „A 2", kommen durch
den Flecken Bruch und nehmen hier die Straße „Am Buchhagen" halbrechts den Hang hinauf. Am Freibad kommen
wir vorüber, hinaus auf die Weiden, und dann sind es noch
zwei Kilometer auf dem Teerweg bergauf und durch den
Wald, bis uns dicht bei der Feuerwache am „Rosenthaler
Weg" der Hick aus Holz ein herzliches Willkommen bietet.
Zwei Attraktionen warten noch auf uns in Lieberhausen: Das
eine ist die „bunte Kerke" auf dem Kirchplatz, reines Weiß
von außen, doch innen dann die bunteste im ganzen Land,
das Alte und das Neue Testament in Bildern an den Wänden; das zweite sind die Eierkuchen, die es hier – und hier
alleine – gibt: leicht und locker, tellergroß und hoch wie eine
Sahnetorte.
Ein junges Paar mit Appetit vom Wandern bestellt gleich
zweimal Eintopf und für danach gemeinsam einen Eierkuchen – und hat sich schon verraten: die waren beide noch
nicht hier. Sie schaffen dann auch kaum die Suppe.

Die Rezepte sind geheim in Lieberhausen, aber am Zapfhahn spreizt der Wirt dann wenigstens die rechte Hand und an der linken noch den Daumen und den Zeigefinger: So viele Eier sind in einem Eierkuchen.

Warum man ausgerechnet hier das Eierkuchenessen derart kultiviert hat, weiß man nicht, doch warum soll nicht auch noch das der Hick gewesen sein? Immerhin hat es nach seinem letzten Streich für lange Zeit kein Rindfleisch mehr im Dorf gegeben, da schlug dann wohl die große Stunde für die Hühner.

Wiedenest: altes Pfarrhaus

Nach Lieberhausen

Weglänge: 13 km

Anfahrt:
A 4 bis Gummersbach, B 55 über Bergneustadt bis Wiedenest, am Ortsende links nach Lieberhausen. Wanderparkplatz am Ortseingang bei der Bushaltestelle links „Auf der Rosenthaler Höhe", begrenzte Parkmöglichkeiten bei der Kirche.

Wanderkarte:
1:50 000 Naturpark Ebbegebirge oder 4910 Gummersbach mit L 4912 Olpe.

Wanderweg:
„Rengser Straße" Richtung Niederrengse (Weg 19, „X"), durch Rosenthal, Rosenthalseifen und Niederrengse. „Meinerzhagener Straße" nach rechts („Am Oever") verlassen, beim Aufstieg links Straße unterqueren, dann über Wegekreuz hinweg und an die Fahrstraße heran; jenseits halblinks Weg 3, 19 („X"), an Hütte vorüber, auf Höhe im Wald „3" folgen bis Berg und Turm „Knollen". Weiter nach Hackberg, rechts Straße „Zum Beuel" hinab zum Stausee, wieder rechts; auf Damm ① Ufer wechseln und nun links am See entlang „A 2" bis Bruch. Straße „Am Buchhagen" ② rechts hangaufwärts und durch den Wald zurück.

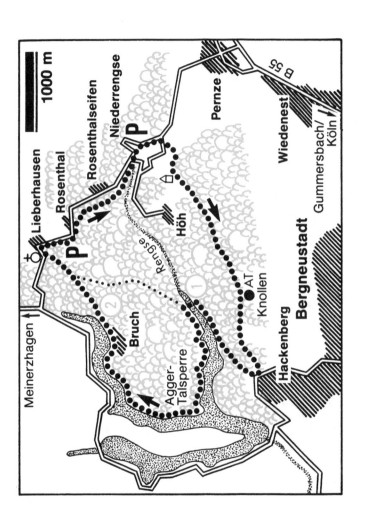

29.11.91 *vielleicht auch im Frühjahr mal*
Wege sehr moorastig. Es sollte (Wander
Ins „Land der tausend Siefen" *vorher einige Tage ni*
geregnet haben.
Sehr schön

4½ Std.

Tippeltour 9:

Witwe Drabend hat hier nichts zu suchen

Wie kam im sechzehnten Jahrhundert die Reformation unter die Leute, sagen wir: ins Bergische, etwa nach Drabenderhöhe? Da schlug im fernen Wittenberg ein unbekannter Mönch zwei Handvoll Thesen an die Kirchentür, und hastdunichtgesehen fiel ungefähr halb Deutschland prompt vom Papsttum ab? Wer sollte das glauben? Es war natürlich anders, und in Drabenderhöhe war es so:

Da gab des Sonntags eine alte Jungfer mit dem Schlüssel ein geheimes Zeichen in der Kirche, daß sich die gläubige Versammlung wie ein Mann erhob und drohend auf den Pfarrer eindrang. Sie wollten allesamt nicht länger Katholiken sein, und seine Lehren sollte ihnen nun der Pfaffe büßen. Der sprang zur Sakristei hinaus, nahm noch in einem Satz die Mauer und fand darauf, wenn nicht sein Heil, so doch die Rettung in der Flucht.

Das läßt sich glauben, allein schon, weil es sich so schön erzählen läßt, doch wahr ist das noch lange nicht: Im nächsten Kirchdorf schon ist eine ähnliche Geschichte überliefert, nur war es 1614 in Much ein Protestant, den die Bauern von der Kanzel jagten. Was also läßt sich mit Sagen beweisen? Kaum mehr, als daß auch die Geschichten allemal der Sieger schreibt, und in Drabenderhöhe siegte die Reformation. Much dagegen blieb katholisch. Seit 1555 galten die Bestimmungen des Reichstags zu Augsburg, und um den Spruch zu lernen: cuius regio, eius religio, brauchten die Bauern nicht in die Schule zu gehen, den erfuhren sie am eigenen Leibe.

Ein protestantischer Arbeitseifer war freilich ganz nützlich in einer Gegend, die anders kaum das nötigste zum Leben abwarf: Die Wiesen waren sauer, die Täler naß ringsum, und nach ihnen führte das Dorf seinen Namen: „Drauende hoighe" oder „Traffende Höhe" – das hieß soviel wie triefnasse Höhe, und wieder hat die Sage unrecht, nach der es eine Witwe namens Drabend war, die ihren Namen hergeliehen haben soll.

Hinter der Kirche beginnen wir unseren Weg, der uns durch einige der feuchten Mulden rings um das Höhendorf führen soll. Wir folgen dem Andreaskreuz („X") des Wanderwegs 28 in den Fahrweg „Am Höher Berg". Am Friedhof wird der Blick schon frei ins Tal. Dann läuft der Weg durch einen Wiesenhang mit leuchtend gelbem Löwenzahn. Rund hundertfünfzig Meter hinter den letzten Häusern knickt der Weg nach links, führt hinauf durch die Wiesen und über die Bundesstraße hinweg. Jenseits der Straße halten wir uns rechts, auf den Wald zu. Dort folgen wir dann dem Verlauf einer breiten Schneise nach links, kommen ein wenig hinab und wieder an das freie Feld heran. Knapp hundert Meter hinter dem Wald erreichen wir die Mulde des Loopebachs; nach links zweigt der Weg „A 5" ab, wir wandern rechts, kommen erneut an den Wald heran und folgen dem Andreaskreuz im Halbrund um eine Fichtenschonung und an Ameisenhaufen vorüber, deren Gewimmel sich unter dem Betrachten in emsige Ordnung verwandelt.

Wo der Weg sich gabelt, halten wir uns rechts. Hier geht es im Linksbogen durch eine Quellmulde und drüben in den Eichenwald. Dann folgen wir für lange Zeit dem Tal des Baches unter uns zur Linken.

Im Wald, wo es am dunkelsten ist, macht uns ein Verbotsschild neugierig: Das stellt uns eine militärische Anlage in Aussicht, aber nimmt uns gleich den Spaß an ihr: wir dürfen sie nicht fotografieren und dürften sie auch nicht etwa mit kratzendem Kiel in den Skizzenblock werfen. Wer so erst einmal angehalten ist, etwas zu suchen, der findet wenig später dann auch etwas: ein stacheldrahtbehängtes Ypsilon im Wald, dahinter noch eins und so weiter, ein ganzer Zaun, von dessen unterdrücktem Anblick doch offenbar die westliche Verteidigungsbereitschaft nicht unerheblich abhängt. Ansonsten nur Wald und(eine weiße Borkenkäferfalle mittendrin.) *nicht zu sehen.*

Wenig später passieren wir eine offene Hütte am Wege; im nächsten Fichtenwaldstück steigt der Weg gemächlich, aber stetig an. Nach einer Lichtung schwenkt er dann ein wenig nach links, kurz darauf ein zweites Mal, noch immer führt uns das Andreaskreuz.

Wir kreuzen einen Querweg, und dann beginnt ein deutlicher Abstieg. Schmelzwasser und Regen haben hier große Löcher gerissen, und zu der ein wenig verwilderten Landschaft will das gleichmäßige Rauschen der Autobahn nicht passen.

Rechts unter uns hat sich erneut ein Siefen in die Landschaft gekerbt.

Später dann vereinigt sich unser Weg mit dem Wanderweg 9. Hier machen wir kehrt, verlassen den Weg 28 und das Kreuz, folgen nun dem weißen Winkel in Richtung seiner Spitze und kommen gleich darauf in einer Kehre durch das enge Tal des Baches, der unter uns durch das braune Vorjahreslaub fließt. Es geht nun wieder bergauf, die Böschung zur Linken wird tiefer mit jedem Schritt. Mit frischem Grün leuchten die Blaubeeren am Boden. Wir kreuzen einen Weg im Wald, bei der nächsten Kreuzung erreichen wir am „Eechenloog" die Hütte neben einer alten Eiche. Unser Weg führt geradewegs an der Eiche vorüber, passiert einen aufgeforsteten Kahlschlag. Wo er sich dann gabelt, halten wir uns links, folgen dem Winkel durch einen Streifen von niedrigem *mittelhohen* Fichtenwald und stehen dann vor einem buschig bewaldeten Tal. Hier weist uns das Zeichen nach links, auf hohe Kiefern zu, vor denen unser Weg nach rechts schwenkt und nun, durch eine

Kehre hindurch, wieder an der Böschung, neben Ginster,
Birken, jungen Kiefern, einem Siefen folgt. ~~Unten~~ *Jetzt rechts*
überqueren wir den Wasserlauf, folgen weiter dem
Bach, und als der Weg danach wieder ansteigt, sind auch die
Autobahngeräusche wieder da.
So erreichen wir am Ende Kaltenbach, ein paar Häuser am
Waldrand zunächst, dann ein ganzes Dorf im Tal. Dem Teer-
weg, den wir in der Kurve erreichen, folgen wir nach links,
am Ehrenmal unter riesigen Buchen vorüber und am Schüt-
zenhaus vorbei.
Wir überqueren den Hipperichsiefen, wo die Straße „Im
Schimmelhau" auf die „Zeithstraße" stößt, und sind dann
froh, als das nächste Haus zur Linken gleich der Gasthof ist. *(Kurhaus)*
Zwei Pfauen turnen auf dem Vordach, ein Hund nagt einen
Knochen, Ziegen haben einen Berg aus Gips im Garten, und
in der Höhlung der Behausung gackern Hühner. Die Vögel in
der Stube sind bis auf den Schützenvogel ausgestopft; wir
finden einen Platz am „Stammtisch für Fischer, Jäger und
andere Lügner", doch die Männer an der Theke haben Sprü-
che drauf, als wollten sie uns den Platz noch streitig machen.
Dann wandern wir weiter, folgen nach links noch der Straße
durchs Dorf, vorüber am „Reiterverein Schwarzenberg", und
steigen schließlich halbrechts die „Kaltenbacher Straße"
hinauf in Richtung Ründeroth. Ihr folgen wir nach etwa
einem halben Kilometer noch durch die Rechtskurve, dann
nehmen wir den Weg nach rechts und wandern zwischen
blühenden Apfelbäumen; wenig später, wo der Teerbelag

endet, halten wir uns links und kommen erneut an einem Ehrenmal vorüber. Eine schmale Brücke bringt uns über die Autobahn hinweg, wir passieren noch den Parkplatz und sind dann wieder im Wald. Als wir so hoch gestiegen sind, daß wir wieder auf die Autobahn hinabblicken können, gabelt sich der Weg. Geradeaus führt eine Raute (Weg 2) bequem im Wald an der Autobahn entlang; links geht es nun erkennbar bergauf, auf siebenhundert Metern sind hier über hundert Höhenmeter zu überwinden, das ist schon fast wie Treppensteigen. Wer klug ist, wandert also geradeaus, wir halten uns links und bleiben so dem Winkel auf der Spur. Der Weg ist schön mit frischem Grün von Birken und Buchen rechts und links, er wird uns aber sauer, als wir dann im Kiefernwald die letzte Steigung entdecken.

Endlich steht der Hohe-Warte-Turm vor uns, dick wie ein Windmühlenstumpf, daneben der speerdünne Umsetzer, den wir schon bei der Anfahrt sehen konnten. Der Turm ist nicht sehr ansehnlich im Innern, noch einmal steigen wir bergauf, kommen über Tritte aus Waffelblech und schließlich über hölzerne Stiegen nach oben. Da stehen wir dann über Ründeroth auf seinem höchsten Punkt und können es kaum sehen, dafür Berge bis zum Horizont ringsum. Unten nehmen wir den Weg nach rechts, verlassen den markierten Weg und steigen in der Fallinie des Berges hinab.

Wo wir nach etwas mehr als zweihundert Metern unverstellt das halbe Kleeblatt der Autobahnabfahrt unter uns haben, halten wir uns auf einem neuen Wanderweg rechts (weißer Winkel in Richtung der offenen Winkelseite).

Abermals kreuzen wir die Autobahn, erreichen schließlich die Straße, und steigen hinauf in Richtung Drabenderhöhe und folgen der Bundesstraße noch bis zum nahen Waldrand. Hier verlassen wir mit dem Weg 12 (Winkel) die Straße nach links. Der Teerweg führt uns am Pumpwerk mit fensterlosem Waschbeton vorüber und stößt nach siebenhundert Metern auf einen Querweg. Es geht nach rechts, wo gleich der Teerbelag endet. Auch die Hänge des Immerkopfs sind von Siefen eingekerbt.

Es geht nun stetig bergauf; nach einem deutlichen Rechtsknick auf der Höhe kommen wir an einer Schutzhütte vorüber, ein zweiter Rechtsknick bringt uns dann zum Wald hinaus. Drüben liegen die Siedlungen von Drabenderhöhe. Um 1700 zählte man im Dorf neun Haushalte und neunundvierzig Seelen. Das Kirchdorf wuchs dann langsam, aber

stetig, hatte um 1860 kaum mehr als dreihundert Einwohner und noch 1930 keine vierhundert; dann kam der Krieg, dann die Vertriebenen und schließlich, Anfang der sechziger Jahre, zweitausend Siebenbürger Sachsen. Jetzt ist das Dorf eine Kleinstadt vom Reißbrett, in der die neuen Bürger viel von ihrer Tradition erhalten haben.

Wir bleiben am Waldrand; bald schiebt sich ein Riegel Wald in den Blick auf den Kirchturm, und hinter dem Wald erreichen wir die Siedlung „Am Immerkopf". Amsel, Drossel waren hier und haben ihre Namen hergegeben für die kleinen Zufahrtswege. Wir erreichen die breitere Straße und halten uns rechts, auf die Bundesstraße zu. Vor dem Haus Nummer zwei ~~steht der größte Zwerg der Welt, heißt Rudi und hält sich seinen gelben Bauch.~~ Ehe wir die „Zeithstraße" berühren, gehen wir links durch die „Birkenhahnstraße" (Andreaskreuz „X" des Wegs 9). Hinter dem Freizeitheim Brächen nehmen wir die Straße „Auf dem Bühl" nach rechts, lassen die letzten Häuser von Brächen hinter uns und kommen auf dem Wiesenweg vom Anfang wieder an die Kirche heran.

Hier lag einmal ein Knotenpunkt des bergischen Verkehrs, Eisen, Holzkohle und Eichenlohe rollten hier von Nord nach Süd und von Ost nach West, und für die Kutscher gab es einmal sieben Schankwirtschaften. Als dann 1834 die Straße durch das Aggertal gebaut war, und erst recht, als die Eisenbahn kam, und mit ihr die Gasthöfe, blieben die Handelsleute weg. Geblieben sind die Gasthöfe, nicht sieben mehr im alten Dorf, aber mehr noch, als wir brauchen nach dem langen Weg durchs „Land der tausend Siefen".

Ins „Land der tausend Siefen"

Weglänge: gut 17 km

Anfahrt:
A 4 bis Wiehl/Bielstein (oder nur bis Engelskirchen, dann über Kaltenbach). Parkgelegenheiten nahe der Kirche.

Wanderkarte:
L 5110 Waldbröl

Wanderweg:
Hinter der Kirche Straße „Am Höher Berg", Wanderweg 28 („X"). 150 m hinter dem Ort ① nach links, bergauf und Straße kreuzen; lange im Wald („X"). Bei Linksknick ② Abstieg, unten auf Weg 9 kehrtmachen (Winkel) und durch Bachtal ③; bei Hütte „Eechenloog" ④ vorüber (Winkel) durch Wald, hinab zum Bachtal und nach Kaltenbach. Links durch den Ort und über „Kaltenbacher Straße" Richtung „Ründeroth", in Rechtskurve nach ca. 500 m rechts, Autobahn überqueren, Winkel führt zum Hohe-Warte-Turm. Auf unmarkiertem Weg nach rechts, dann auf neuem Weg (Winkel) Autobahn überqueren, am Waldrand ⑤ neuen Weg verlassen nach links, nach 700 m rechts, im Wald an Hütte vorüber, dann am Waldrand entlang, durch Siedlung und über „Birkenhahnstraße" und Straße „Auf dem Bühl" zurück.

Die Heimat der Siebenbürger Sachsen ist das seit Bram Stokers Schauerroman „Dracula" berüchtigte „Transsilvanien", das „Land hinter den Wäldern" im heutigen Rumänien.
Im 12. Jahrhundert rief der ungarische König Geisa II. deutsche Siedler in sein Land: Sie sollten dort den Ackerbau, auch Handel und Gewerbe neu beleben – und nicht zuletzt dem König Steuern zahlen und das Grenzland sichern. Entgegen verklärender Überlieferung blieben sie über Jahrhunderte eine ethnische Minderheit mit rund fünf Prozent Anteil an der Gesamtbevölkerung.
Seit die Siebenbürger Sachsen im kommunistischen Wirtschaftssystem leben, hat eine große Aussiedlungsbewegung eingesetzt – vor allem nach Deutschland. Seither sind mehr als 60 000 in die Bundesrepublik gekommen, und zweitausend von ihnen nach Drabenderhöhe, wo sie in sogenannten „Nachbarschaften" (wie „Weinland" oder „Burzenland") ihr altes Brauchtum in der neuen Dorfgemeinschaft pflegen.

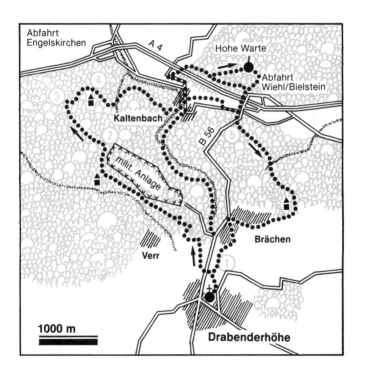

Abfahrt Engelskirchen

A 4

Hohe Warte

Abfahrt Wiehl/Bielstein

③

④

Kaltenbach

②

B 56

⑤

milit. Anlage

①

Verr

Brächen

1000 m

Drabenderhöhe

Tippeltour 10:

„Is dat wirklich der Reichtum von früher?"

Die Dame hatte sich am Arm des Gatten alles sorgfältig betrachtet. Dann wandte sie sich an den Aufseher am Eingang: „Is dat wirklich der Reichtum von früher?", und als der unsicher nickte, sagte sie mit sanftem Mitleid: „Dat nannten die also Reichtum." Dann ging sie nochmal durch, was sie gesehen hatte: Ein winkliges Haus mit alten Truhen und Möbeln, mit knarrenden Treppen und einer Küche, wo das Wasser nur aus der Pumpe am Fensterbrett floß.

Nee, Reichtum war was anderes. Man sah es der Dame an: Dienstags abends, viertel vor zehn, erstes Programm, das ist Reichtum.

Burg Linn im Süden Krefelds beherbergt Museales in mehreren Häusern und allen Ecken; aber für den, der sich umsieht, stellt sie als Ensemble selber ein Museum dar, ein Dokument des sozialen Wandels: Im achtzehnten Jahrhundert gehörte die Burg dem Kölner Kurfürst Clemens August, der sich um 1740 in der Vorburg „ein schlichtes Jagdschloß", wie es heißt, errichten ließ. Dann kam die Revolution, nach ihr Napoleon, und die Burg wechselte vom Feudaladel ans reiche Bürgertum: Isaac de Greiff, Kaufherr zu Krefeld, kaufte 1806 die Ruine und das Schlößchen. Seit 1926 gehört die Burg nun der Stadt und ist für jedermann geöffnet, der zwei Mark Eintritt zahlen will; und das sind sonntags einige.

In 24 Meter Höhe, auf dem Teerdach des Bergfrieds, haben wir den rechten Überblick, sehen die große Stadt im Norden, ahnen den Rhein und im Süden unseren Rundweg und sehen auch schon, wo er schön und wo er weniger schön sein wird.

Linn liegt heute wie ein Kleinod am Rand der Großstadt. Vor sechshundert Jahren war es noch viermal so groß wie Krefeld, das erst später regelrecht betucht wurde.

Moritz von Oranien, dem seit 1600 die Grafschaft Moers mitsam dem Flecken Krefeld untertan war, legte mehr Wert auf Fleiß und Sachverstand seiner Untertanen als auf ihren rechten Glauben. Er bot den religiös Verfolgten der Umgebung Zuflucht. Und so kamen sie nach Krefeld; erst in zwei-

ter Linie als protestantische Sektierer, Täufer, Mennoniten, in erster Linie aber als Zwirner, Färber, Spinner, Weber, Appretierer, und machten gute Arbeit. 1656 kam aus Rade-vormwald die mennonitische Seidenhändlerfamilie von der Leyen dazu, errichtete ein Handelshaus und später eine Manufaktur und machte das Städtchen binnen kurzem welt-bekannt. Von fünfhundert Einwohnern im Jahre 1650 wuchs die Stadt in einem Jahrhundert auf siebentausend. Den Bei-namen der „niedlichsten, saubersten, freundlichsten und blühendsten Manufakturstadt" in Preußen – denn seit 1702 regierten hier die Preußen – gab es gratis dazu.
Und wer seinem König Arbeitsplätze schuf, der durfte sich auch etwas wünschen: Die von der Leyens bekamen ihr Seidenmonopol, der Konkurrenz blieb nur der Samt, aber auch damit ließen sich die Taler leicht verdienen. Die Stadt wuchs dem Rhein entgegen und kam so 1906 an einen Hafen. Linn wurde eingemeindet, 1929 kam Uerdingen dazu. Burg Linn aber verfiel mit dem Aufschwung der Neuzeit als ein Relikt des Mittelalters. Die Rittersäle mit den offenen Kaminen, den Wandteppichen und den gewachsten Tischen davor wurden erst um 1950 wiederhergerichtet.
Das Jagdschlößchen daneben war noch bewohnt bis in Großväterzeit. Gehäkelte Spitzen schützen die dunklen Pol-ster, Kunst steht mit Nippes beieinander, und in der Diele

spielt für einen Groschen das Symphonium beziehungsreich
„Spinn, spinn!".
Am Andreasmarkt, dem alten Flachsmarkt vor der Burg, der
mit mehr Waschbeton als Fingerspitzengefühl saniert worden ist, beginnt unser Weg. Auf der „Margaretenstraße"

kommen wir nach Süden zur Stadt hinaus, wo die Straße schon „Kurkölner Straße" heißt, passieren den Burggraben und halten uns hinter der Brücke sofort rechts. An der nächsten Ecke des Wassergrabens bleiben wir links, gehen über die Holzbrücke und erreichen den markierten Weg („2", „X"). Wir folgen der Fahrbahn ein Stück nach rechts, dann biegen wir nach links ab in einen schmalen Pfad zwischen Feldern und Kleingärten.

Nach einem Kilometer kommt ein asphaltierter Weg zu uns, wir bleiben südwärts, auch als der Teerweg nach rechts zur Autobahn hin abzweigt.

Links haben wir nun das Latumer Bruch, einen der vielen toten Rheinnebenarme und vormals Jagdgebiet der Kurfürsten, die neben wilden Schweinen und Hirschen hier auch Wölfe hetzten. Nach langem Marsch am Feuchtgebiet entlang erreichen wir die Straße von Ossum, folgen ihr nach links und biegen etwa hundert Meter später wieder rechts ab. So kommen wir in den Herrenbusch, kühlen Laubwald mit hellen Lichtflecken am Boden. Ehe wir den Buchenwald verlassen, nehmen wir Abschied von unserem markierten Wanderweg und wenden uns am Waldrand links; nach dreihundert Metern geht es nach rechts, auf die Hochspannungsleitung zu, und am Querweg abermals links bis in den Ort hinein.

Über die Straße, die sich nur an einem, und zwar dem jenseitigen Ende als „Waldweg" zu erkennen gibt, kommen wir nach Lank-Latum, halten uns gleich links und folgen dem „Weingartsweg" und der „Mittelstraße" durch die Stadt hindurch.

Wir kreuzen die „Bismarckstraße" nach Krefeld, bleiben auf der „Mittelstraße" und stoßen endlich auf die „Uerdinger Straße", die B 222.

Ihr folgen wir durch die Kurve fünfhundert Meter in Richtung Krefeld, bis wir die Raststätte jenseits der Straße passiert haben, dann nehmen wir den Wirtschaftsweg, der nach rechts geradewegs auf den Hafen zu führt. Förderbänder und Kranmasten, Stromleitungen und Schlote aus Blech stellen hier bei den alten Kiesgruben, zwischen Rüben und staubiger Kamille, das Panorama dar. Die Andreaskirche von Stratum zur Linken hat sich ihrer Umgebung schon angepaßt, ihr Turm ist kaum noch zu unterscheiden von dem Silo jener Firma, die in Deutschlands Küchen die Suppen und Soßen andicken hilft. Am Wegekreuz hinter den Baggerlöchern

Haus Greiffenhorst

erreichen wir wieder einen markierten Weg („5") und folgen
dem Andreaskreuz („X") weiter geradeaus.
Beim Osthafen erreichen wir Gellep, das vor neunzehnhun-
dert Jahren vergleichsweise bedeutender war als heute, auch
bedeutender als Krefeld, denn Gellep war Garnison, das
Auxiliarkastell Gelduba, durch Tacitus belegt und im
Museum bei Burg Linn näher zu betrachten. Hier nehmen wir
links, denn nomen ist omen, die „Legionstraße", verlassen
sie schon hinter dem Haus 113 nach rechts und bleiben auf
dem Feldweg geradeaus, bis wir über den „Tacitusweg" und
die „Krumme Straße" in Höhe der „Rheinschenke" wieder an
die Bundesstraße herankommen („Düsseldorfer Straße").
Ihr folgen wir nach rechts für einen halben Kilometer, dann
nehmen wir links den „Biselter Weg".
Vor dem Römersee bleiben wir zwischen den Bäumen leicht
rechts, folgen nun wieder den Zeichen („X" und auch senk-
rechter Doppelstrich), die uns beide bis nach Linn zurück-
bringen werden. Kinder kommen aus dem Freibad mit blauen
Lippen und roten Augen, krumm vom langen Baden, unterm
Arm die nassen Sachen. Zwischen dem breiten Graben am
Rand des Bruchgebiets und den letzten Siedlungshäusern
von Gellep-Stratum führt unser Weg in den Greiffenhorst-

park, den schmalen Landschaftsgarten des Cornelius de Greiff (1781–1863), Samt und Seide en gros et detail. Diesen „großen", ja, „größten Wohltäter" Krefelds, als der er im Prospekt erscheint, haben wir schon in seinem „Jagdschlößchen" neben der Burg gesehen. Da hing er gleich zweimal an der Wand auf Bildern, die eher gemalte Spendenbelege waren. Neben dem Porträtierten mit Schirm, Uhrkettchen und Zigarre türmen sich die Summen, die er von Mal zu Mal der Stadt vermacht hat: hier fünfzigtausend für ein „Asyl für alte Männer", hier dasselbe für das „Asyl für Geisteskranke", und hundertzwanzigtausend gar für die städtischen Krankenanstalten.

Zwischendurch fiel dann auch einmal etwas ab für eine kleine Sommerresidenz. Wer schon Greiff hieß, also Adler, der brauchte einen Horst, und so ließ sich Cornelius de Greiff um 1840 „Haus Greiffenhorst" erbauen, das nun vor uns durch die Bäume schimmert: ein wenig Schinkel und ein wenig China.

Während wir weiter nach Linn spazieren, vor dem Graben rechts und durch die Straßen zurück zur Burg, spähen wir nach der Dame von Anfang, die den Krefelder Reichtum für gar nichts Großes halten mochte. Wir würden ihr Haus Greiffenhorst empfehlen – aber zugegeben: Auch das ist nichts neben dem Glaspalast von Ewing Oil in „Dallas".

Überblick vom Bergfried: Burg Linn

Zur Burg Linn nach Krefeld

Weglänge: knapp 14 km

Anfahrt:
A 57 bis Krefeld oder über Autobahnkreuz Strümp, dann über Oppum nach Linn. Parkplatz am Museum.

Wanderkarte:
L 4704 Krefeld und 4706 Düsseldorf

Wanderweg:
Vom Andreasmarkt über „Margaretenstraße"/„Kürkölner Straße" nach Süden, hinter Burggraben rechts; an der nächsten Ecke des Grabens links über Brücke („2", „X"), auf Fahrweg rechts, links durch die Felder. Auf der Straße von Ossum links, nach 100 m rechts, durch Herrenbusch, am Waldrand ① links, nach 300 m rechts, am Querweg links ②; über „Waldweg", „Weingartsweg", „Mittelstraße" durch den Ort, „Bismarckstraße" kreuzen, weiter zur „Uerdinger Straße"; links 500 m, an Raststätte vorüber, dann rechts ③ Richtung Hafen, später „X". Am Osthafen links „Legionstraße", hinter Hs. Nr. 113 rechts, über „Tacitusstraße", „Krummer Straße" an Bundesstraße heran („Düsseldorfer Straße") ④. 500 m rechts, dann links „Biselter Weg", vor Römersee leicht rechts („X"), an Haus Greiffenhorst vorüber zurück.

Wer in erster Linie Burg Linn besichtigen will und nur ein wenig spazieren möchte, hält sich vor dem Latumer Bruch auf dem Teerweg links (fast 2 km), dann links über Gut Heulesheim nach Norden, am Golfplatz entlang bis Greiffenhorst, dort links.

Öffnungszeiten:
Sommer, 1. 4.–31. 10., Di–Sa 10–13, 15–18 Uhr; So 10–18 Uhr.
Winter, 1. 11.–31. 3., Di–So 10–13, 14–17 Uhr.

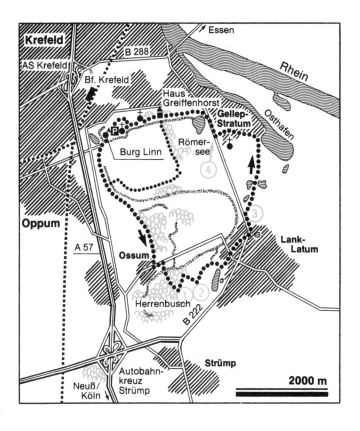

Tippeltour 11:

Hell schimmert Holland durch die Bäume

Man kann ja von den alten Preußen halten, was man will; aber hätten sie bessere Kanonen gehabt, als sie tatsächlich hatten, dann hätten wir uns diese Tippeltour bestimmt noch einmal gründlich überlegt. Auch so ist sie schon lang genug, mit 23 Kilometern die längste Tippeltour von allen. Und das liegt – auch – an den Kanonen: Als 1815 auf dem Kongreß zu Wien die Alte Welt neu eingerichtet wurde, da wurden auch die ehemals französischen Gebiete nördlich eines Dörfchens namens Waterloo unter den Siegern aufgeteilt. Preußen kam dabei an seine Rheinprovinz, rückte vor bis an die Niederung der Maas, so nahe an den Fluß heran, wie die Kanoniere der Befreiungskriege schießen konnten. Das war in Wien mit Vorbedacht und Zirkel so entschieden worden, um den Frieden in Europa dauerhafter zu machen.

Noch heute folgt der Grenzverlauf in Holland diesem Fluß, und da die Maas für heute unser Ziel ist, haben wir die Chance, der Reichweite von Preußens Gloria buchstäblich auf die Spur zu kommen.

Wir haben schon den Zoll vor Augen, als wir rechts die „Waldstraße" verfolgen, die uns bis zum Parkplatz bringt. An seinem Ende überqueren wir den Fahrweg zum Klärwerk und nehmen linkerhand den Weg am Kiefernwald entlang (nicht scharf links den Reitweg am Lärchenstück). Am nächsten Querweg ist bei einer Bank der Weg erkennbar als „A 8", ihm folgen wir nun weiter geradeaus in Richtung Westen, irgendwann am späten Nachmittag werden wir, von Norden kommend, hier wieder eintreffen.

Für weit mehr als drei Kilometer behalten wir die Richtung bei durch schönen Kiefernwald, in dem es würzig nach trockenem Holz riecht. Später verbreitert sich der Weg, wir passieren links ein Baggerloch mit Sand in bunten Lagen an den freigelegten Hängen. Noch einmal haben wir eine alte Kiesgrube zur Linken, die inzwischen wieder aufgeforstet ist, dann fällt unser Weg beim Weitergehen ab von der kiesigen Terrasse in die Niederung der Maas. Noch im Wald stoßen

wir auf einen Querweg und folgen ihm, nun schon unten,
nach rechts (noch immer „A 8").
Noch sind wir in Deutschland, aber Holland schimmert hell
schon durch die Bäume. Dann geht es auf einmal sehr
schnell: Ein mehr als meterhoher Grenzstein steht am Wege,
rechts haben wir nun noch den deutschen Wald, links Spar-
gelfelder und inmitten eine Erdgasleitung, die wohl manchen
deutschen Kochtopf mit den Vorräten von Groningen verbin-
det. Ein Fahrweg kommt von links, und wer hier fährt, hat ein
gelbes Nummernschild am Auto. Nur noch ein paar Schritte,
und dann haben wir es schriftlich, daß wir vor der „Rijks-
grens" stehen, bereits der nächste Schritt von uns wird
amtlicherseits als „grensoverschrijding" gehandelt.
Hier halten wir uns geradewegs auf Boukoul zu mit seinem
kleinen Kirchturm, nehmen den Fahrweg, der westwärts und
weg von der Grenze führt. Die kleine Straße schwenkt mit
Birken hie und da sacht durch die Felder, wir sehen Kiebitze
und hören Lerchen im Geflirre.
In Boukoul nehmen wir den „Kerkweg" bis zur Kirche, und
schriebe man hier „telefoon" auch nicht mit Doppel-O, man
sähe es doch an der Farbe, daß hier nicht die Bundespost die
Strippen zieht. Wir folgen der Straße nach rechts, wo zwi-

schen arg gestutzten Linden ein weißes Kapellchen von 1852
steht, und nehmen hier schon den „Graeterhofweg" nach
links zum Ort hinaus. Wir überqueren dort noch einen Bach,
folgen dann der Straße rechts durch eine Kurve, hinter der
ein Hof mit einer schönen Hecke liegt, und nehmen dann am
Rand der Felder die Straße nach rechts, auf einen Park mit
dunkelroten Buchen zu. Hier liegt in weißer Pracht der
„Graeterhof", und gegenüber nehmen wir die „Graeterbaan"
nach Westen durch die Felder. Links, leicht im Dunst, liegt
jetzt Roermond als Silhouette mit Türmen von Silos und
Kathedralen. Wir verfolgen unseren Weg bis unter die Hochspannungsleitung, dann nehmen wir den „Raayer Luyckweg" nach rechts. So erreichen wir die beschattete Chaussee, wo die Autos, wenn man es nicht anders wüßte, unent-
schlossen hin und her zu fahren scheinen.
Wir kreuzen die Straße, kurz darauf die Eisenbahn und kommen durch eine kleine Baumschule hindurch und bald an
eine Gruppe von Kastanien, die einem Wegkreuz Schatten
spendet. Halblinks verfolgen wir den „Raayer Luyckweg",
kommen durch den Deich hindurch, an Kopfweiden vorbei
und endlich an die Maas heran, die sich hier seenhaft verbreitert hat.
Von der Straße steigen wir zum Asselter Kirchlein hinüber
auf die Warft und überblicken den reizenden Weiler und das
Vorland vom Wehrgang rund um den Friedhof aus. Boote
liegen festgemacht am Ufer, Kähne dümpeln in der schwarzen Brühe, weiße Segel kreuzen weiter draußen.
Schön ist gegenüber das Museumshäuschen, schöner noch
der umgebaute Hof daneben; doch kaum sind wir neidisch
auf den „Advokaat", der das alles bewohnt, da haben wir
auch schönen Trost zur Hand: Im späten Sommer wird es
hier von Mücken wimmeln am Gewässer.
Ein Café am Ufer verspricht uns „Maaszicht", und da lassen
wir uns endlich nieder, vor uns ein Bier, dahinter die Maas.
Wer hier vorüberfährt, hat mindestens ein Surfbrett auf dem
Auto, und die Kinder haben für ihr Eis nur eine Hand frei, mit
der anderen tragen sie Paddel und Gerätschaft bis ans Wasser. Radfahrer rollen vorüber, dann und wann ein Gruß zur
Wirtin oder nur ein schneller Blick, ob wohl noch ein Tisch
bereitsteht.
Ein wenig wandern wir noch in Richtung Norden, dann
nehmen wir hinter dem „Gebrouwhuis" den „Gebrouwhuisweg" die Böschung hinauf und auf Swalmen zu. Der Weg

läuft durch die Felder, bei dem Wegekreuz in Höhe eines
langgestreckten Hofes halten wir uns rechts, gehen vor der
Eisenbahn noch einmal rechts bis zum Übergang und dann
links und geradewegs auf Swalmen zu. In der Biegung schon
verlassen wir die Autostraße, folgen der Wohnstraße „Aan de
Eppenbeeck" geradeaus, kommen neben einer Bank auf
einen schmalen Pfad, quer durch ein Bachtal und drüben
wieder hinauf und endlich an die Hauptstraße heran (gegenüber dem „Bloemenhuis"). Ein wenig nur noch links der
Straße nach, und wir haben den Ortskern erreicht, ein Abstecher über die Swalm bringt uns an die Kirche heran mit
Tischen und Stühlen vor den Lokalen. Wieder links der
Swalm entfernen wir uns gegenüber der Brücke vom Fluß
und der Hauptstraße und nehmen an der Telefonzelle die
„Kroppestraat" nach Osten, die uns durch ruhigen Sied-
lungsbau zum Ort hinaus bringt. Als wir die „Zandkuil"
passieren, sind wir wieder im Freien. Die „Kroppestraat"
verengt sich, wir kommen wieder in den Wald und bleiben
weiter geradeaus. Wieder kreuzen wir die Erdgasleitung, die
Straße „de Lanck" würde uns wenig später zum Grenzübergang zurückführen, aber wir wandern nun weiter swalmauf-
wärts, hören das Schwimmbad im Wald an der Swalm, und
erst, als wir uns wieder von der Swalm entfernen und auf
einen geteerten Querweg stoßen, halten wir uns deutlich

rechts, auf die Maasterrasse mit der Grenze und den Kiefern-
wäldern zu. Der Weg „A 12", der der Grenze folgt, ist
schlecht markiert, aber nicht zu verfehlen. Wir halten uns
links und nehmen am Grenzstein 417 Abschied von den
Niederlanden. Wir bleiben auf dem Weg am Waldrand, haben
nun Felder zur Linken und Kiefern zur Rechten.
Bald schmiegt sich unser Weg einem Teerweg an, folgt ihm
einen Steinwurf weit, dann verlassen wir wieder die Fahrbahn und folgen weiter dem Waldrand, durch einen Hof
hindurch mit Stallungen und Wohnhaus links und rechts am
Weg. So kommen wir endlich, noch immer auf dem „A 12", in
den Kiefernwald. Wo von rechts der Weg „A 6" hinzukommt,
schwenkt der „A 12" nach links zum Elmpter Bruch, wir
bleiben weiter geradeaus („A 5", „A 6"). Das Bruchland
sehen wir auch so mit grauem Gehölz und weißen Birken
dann und wann.
Endlos scheinen hier die Kiefernwälder mit weichem Gras
und grünem Farn am Boden, mit Vögeln in der Luft und
keinem, der uns stört.
Schließlich endet links am Weg der Kiefernbewuchs, Lärchen stehen hier; und hier, wo der Sandweg „A 5" sich kurz

verschwenkt, nehmen wir nun den „A 6" scharf rechts und schnurgerade in den Wald hinein und auf den Vogelsberg hinauf. Nur achtzig Meter ist der hoch und hat doch Steigung und Gefälle; als wir ihn überwunden haben, kreuzen wir noch einmal einen Querweg, bleiben aber weiter geradeaus („A 6", „A 8"), und als wir endlich hinter dichten Tannen links das Klärwerk sehen, ist auch unser Parkplatz nicht mehr weit.

Münchhausen, hätte er den Trick mit der Kanonenkugel in der Tat beherrscht, wäre mit der preußischen Artillerie schneller hin und her gereist als wir, aber was wir dabei gesehen haben, da wäre er nur so eben einmal drübergehuscht.

An die Maas

Weglänge: ca. 24 km

Anfahrt:
Über Pulheim Richtung Grevenbroich, A 46 bis Kreuz Wanlo, A 61 bis MG-West, B 230 bis Niederkrüchten, Elmpt, Richtung Roermond. Vor dem Zollamt Parkplatz rechts, ca. 200 m im Wald ("Waldstraße").

Wanderkarte:
Naturpark: Grenspark Maas-Schwalm-Nette 1:50 000

Wanderweg:
Am Parkplatz Fahrweg überqueren und immer geradeaus "A 8", nach mehr als 3 km Maasterrasse ①, hier im Wald rechts bis zum Grenzübergang ②, links Fahrweg nach Boukoul, im Ort an Kirche vorüber, rechtsversetzt an Kapelle vorbei und links "Graeterhofweg" zum Ort hinaus über Bach, durch Kurve, am Rand der Felder rechts, gegenüber Graeterhof "Graeterbahn" nach links ③. Unter Hochspannungsleitung "Raayer Luyckweg" nach rechts ④, Chaussee und Eisenbahn kreuzen, bei Kastanie mit Kreuz halblinks ⑤, "Raayer Luyckweg" nach Asselt an die Maas. Von Kirche am Ufer entlang nach Norden, am "Gebrouwhuis" rechts "Gebrouwhuisweg" ⑥ durch die Felder bis in Höhe eines langgestreckten Hofes; hier rechts, vor Eisenbahn abermals rechts, links und auf Swalmen zu (Straße dazu links über "An de Eppenbeeck" verlassen). Gegenüber der Brücke rechts "Kroppesstraat" immer schwalmaufwärts, im Wald am Schwimmbad vorüber und danach auf Teerweg rechts ⑦ zur Grenze: "A 12" links; Teerweg, Hof passieren, wo "A 12" links schwenkt, geradeaus "A 5", "A 6"; wo "A 5" schwenkt, scharf rechts "A 6" ⑧ zurück.

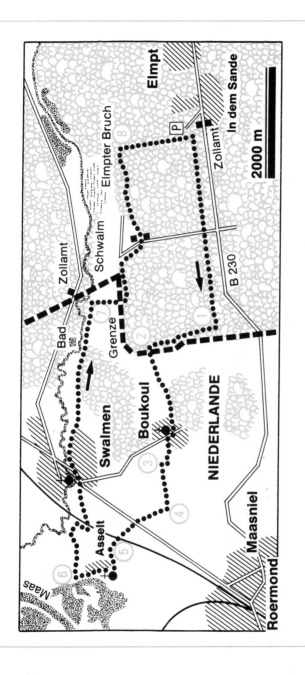

Tippeltour 12:

Die Macht am Niederrhein

Im Schatten der Burg hat sich Liedberg erhalten. Schönes Fachwerk schmückt die Winkel um den Marktplatz, und wie seit Jahrhunderten wacht über allem die Burg: Eine seltene Idylle, und eine unverhoffte dazu, denn Liedberg ist keine Wasserburg – wie alle Herrenhäuser ringsumher –, sondern eine Höhenburg auf einer richtigen Höhe. Weithin überragt die bewaldete Sandsteinkuppe das flache Ackerland, und weithin setzt die schiefergraue Haube des Liedberger Turms ein Zeichen: Hier saß auch einmal eine Macht am Rhein, die Macht am Niederrhein zwischen Korschenbroich und Neuss.

Vom Marktplatz gehen wir durch die Anliegerstraße hinauf, rechts steht mit sieben Geschossen der Mühlenturm aus Ziegeln und Sandstein; an der Kapelle von 1707 halten wir uns links, kommen durch den Bogen in der Mauer und stehen vor der Burg.

Schafe blöken unter kahlen Bäumen, auf dem kleinen Acker steht noch vereinzelt der Grünkohl. In den Schutz dieser Mauern flüchteten sich um 1642 mehr als dreieinhalbtausend Menschen vor dem damals schon fünfundzwanzigjährigen Krieg; vermutlich glaubten sie sich auf dem Grund der Kölner Erzbischöfe schon gerettet, doch kaum einer hat das Asyl überlebt: Hungersnot und Seuchen in der Notunterkunft waren noch erbarmungsloser als die Marodeure vor dem Tor. Vor dem privaten Aufgang zum Turm knickt der Weg nach links, führt uns durch einen Durchlaß in der Mauer und dann in den Wald mit trockenem Holunder. Den steilen Schloßberg haben wir nun rechter Hand. In einer Mulde links des Wegs entdecken wir wenig später eine einsame Grabstelle und können lesen, daß 1930 hier drei Pfadfinder verunglückt sind, und was sie im Liedberger Felsenkeller nicht finden konnten, das gönnt ihnen posthum der Stein: „Gut Pfad".

Wir behalten unsere Richtung bei, lassen die Burg dabei rechts hinter uns und treffen so noch im Wald auf den Wanderweg 3 („X"). Bei der grünweißen Eisenschranke kommen wir zum Wald hinaus. Zwei Jogger traben durch das Feld, zwei Hasen tun das nämliche, in gleichem Abstand und im selben Tempo, als hätten sie parodistische Absichten. Wir

wenden uns bei dem leeren Fußfallhäuschen nach links und
folgen dem gepflasterten Wirtschaftsweg bis zur nächsten
Kreuzung mit einem Fußfall zwischen Birken; hier halten wir
uns rechts und wandern nun parallel zur Chaussee durch die
Äcker, weiter dem Andreaskreuz nach.
Nach einem halben Kilometer erreichen wir am „Blankpfad"
den „Fürther Weg" und folgen ihm nach rechts für einen

Abstecher zum Haus Fürth, das malerisch hinter einer gelben Weide inmitten seiner Wassergräben liegt, schönes Fachwerk mit Füllungen aus Backstein, dazwischen schmuck die bunten Fensterläden.

Zurück am Wanderweg („X"), folgen wir dem „Blankpfad" und kommen bei der weithin sichtbaren Pappelreihe über das trockene Bett des Kommerbaches hinweg. Wir passieren einen Spielplatz, wenig später einen Gartenbaubetrieb zur Linken. Am Ende der Gärtnerei verläßt uns der Weg 3, und wir wandern am Sockel des Fußfalls vorüber und weiter geradeaus, auf Glehn zu. Am Ortsrand nehmen wir den Querweg nach links und kommen an die Chaussee heran mit den silbrigen Silos dahinter.

Die „Hauptstraße" bringt uns bis zur Ortsmitte, dann biegen wir links in die „Kirchstraße" ein. In der „Gaststätte Lappesen" dreht sich alles um Fußball: Die Männer an der Theke warten auf die Spielberichte, dann kommen die Jungen vom Training dazu, und oben auf der Erkerspitze dreht sich ein Fußballer im Wind.

Vom Wirtshaus gehen wir ein wenig zurück durch die Kirchstraße und biegen dann in die „Bendstraße" nach rechts ein. Als wir Glehn so nach Norden verlassen, liegt rechts hinter den Bäumen Haus Fleckenhaus von 1650. Der Jüchener Bach davor ist mit Weiden und Pappeln gesäumt. Wir kommen an der Gärtnerei am Ortsende vorüber, unterqueren die Hochspannungsleitung und entdecken dann, noch vor dem Wald des Bruchgebiets, den alten Friedhof, der in das Ackerland hineinragt. Abseits lag der jüdische Friedhof mit seinen rund dreißig Gräbern schon immer, aber früher war hier noch Wald, da war es leichter, ihn zu übersehen. Heute fällt er beim Vorübergehen ins Auge, aber heute ist der Friedhof auch ein Denkmal: In Glehn gibt es keine Mitbürger mosaischen Glaubens mehr. Es gab auch einmal eine Synagoge, „aber das ist alles nicht mehr da", sagt ein Spaziergänger, der das alles noch gekannt hat.

Wir überqueren die Umgehungsstraße, lassen die Kläranlage rechts liegen, kreuzen wieder das trockene Bett des Kommerbachs und stehen im trockenen Sumpfland. Wo der Weg sich am Waldrand gabelt, gehen wir wieder links, durch das schmale Stück Bruchwald hindurch, und dann wieder rechts, am Waldrand entlang und wieder in der Sonne.

Jenseits der Felder liegt vor uns der Kirchturm von Kleinenbroich; etwa einhundert Meter, ehe rechts der Bruchwald

Fachwerk im Schatten der Burg: Liedberg

endet, nehmen wir den Ackerweg nach links und wandern
nun wieder parallel zur Chaussee. Wir kreuzen einen Teerweg bei einem Vermessungsstein, dann wandern wir weiter
auf dem Rain durch die Felder. Mehr als ein halbes Dutzend
Hasen sitzt arglos in der frischen Saat und bleibt auch ruhig,
als wir näherkommen; erst als sich weit in der Ferne ein
Radfahrer gegen den Wind stemmt, ergreifen sie das
bekannte Panier, das nach ihnen benannt ist: der Radfahrer
hat einen Hund dabei. Eine Lerche wirft sich mit wenigen
Flügelschlägen in die Luft, hält inne, steigt weiter und singt.
Nach mehr als einem halben Kilometer durch die Felder
stoßen wir auf einen schräg verlaufenden Teerweg und folgen ihm nach rechts. So erreichen wir die Straße, kreuzen sie
und wandern drüben weiter im Verlauf der Straße „Am Dyk-
kershof". Am Ortsrand von Pesch wenden wir uns nach links
und folgen nun der „Blecherstraße".
Wieder kommen wir an Einzelhöfen vorbei; als unsere Straße
dann nach rechts abbiegt und sich „Liedberger Straße"
nennt, wandern wir weiter geradeaus, bleiben auf einer Fahrspur zwischen Weidezäunen und Hecken und erreichen so
das Bruchgebiet bei einer Pappelreihe. Wir folgen den Pappeln nach rechts, überqueren bald die Landstraße und wan-

dern weiter durch das Landschaftsschutzgebiet des Hopp-
bruchs. Nach etwas mehr als einem halben Kilometer passieren wir ein einzelnes Haus (Nr. 26) am Bruchland, dann geht
es weiter geradeaus durch die Pappelallee. Hinter dem Waldstück zur Rechten erreichen wir ein Dressurgelände und
können sehen, wie hier den Schäferhunden die feineren
Tricks des hündischen Wesens eingebleut werden.

Von rechts kommt der Fahrweg aus Pesch, und hier wenden
wir uns nach links und wandern auf dem schwarzen Weg
mitten durch das Bruchgebiet. Wir kommen über ein Wegekreuz im Wald, bleiben weiter geradeaus („A 7"). Bei der
nächsten Kreuzung schwenkt der Weg unmerklich nach links
und verläuft dann auf dem Deich am Rande des Grabens.

Endlich stehen wir vor einem Querweg und treffen den uns
schon bekannten Wanderweg 3 („X"). Hier halten wir uns
rechts und wandern auf dem Sandweg am Rand des Hopp-
bruchs entlang. Auch hier wieder Pappeln wie Säulen in
einer Wandelhalle. Nicht lange, und der Wanderweg verläßt
uns im Knick nach rechts, hier halten wir uns links, gehen
über die Steinbrücke und kommen aus dem Bruchwald hinaus. Wir folgen mit dem Sandweg dem Verlauf des Grabens,
hinter dem die Häuser von Leppershütte liegen. Schon jenseits der Wiesen erreichen wir Haus Horst, abermals einen
der Herrensitze im Bereich der Herrschaft Liedberg.
Zunächst ist es nur eine Silhouette im Dunst vor der Sonne,
dann erreichen wir den Graben, und während wir die Wasserburg nach links umrunden, zeigt sie sich in wechselnder
Gestalt – je nach Perspektive, Lichteinfall und Stimmungs-
lage des Betrachters. Das Gewirr von Kaminen auf dem
grauen Dach erinnert an Chambord an der Loire, die
Schwäne auf dem dunklen Wasser lassen an Neuschwan-
stein denken, aber immer wieder liegt der Bau doch auch so
düster da und einsam wie die filmbekannte Villa hinter Bates'
Motel.

Gewiß war es einmal ein Schloß, die Geschichte war so
wechselhaft wie die Besitzer; seit 1950 gehört es der Stadt,
und was tut der Oberstadtdirektor von Rheydt? Er stellt ein
Schild auf und warnt vor der „Gefahrenstelle", selbst das
Betreten des Eingangsbereichs will er nur den Befugten
gestatten.

Wir kommen an hohen Buchen vorüber, die Enten und Bläß-
hühner lauern auf Futter und sind dann doch kaum hungrig,
bloß erschreckt, als ein paar Brocken Brot geworfen werden.

Haus Fürth

So erreichen wir den kleinen Parkplatz neben der Toreinfahrt. Wir werfen einen Blick durch den Bogen und wandern weiter vom Parkplatz auf dem Kiesweg nach Süden. Wieder geht es durch ein Stück Wald mit den Feldern zur Rechten. Bald schwenkt der Weg nach links und führt uns auf Steinhausen zu. Der Turm, der diesmal alles überragt, ist das Silo des Futtermittelhändlers. Ehe der Weg dann nach vierhundert Metern in scharfem Linksknick zurückführt, steigen wir rechts durch einen trockenen Graben und kommen durch einen Durchlaß zwischen Zäunen an den Fußballplatz heran. Dahinter erreichen wir die „Horster Straße", folgen ihr nach links in den Ort hinein, bleiben auf der Querstraße rechts und wenden und dann gleich darauf wieder nach links, die Straße heißt hier wie der ganze Ort: Steinhausen.

Im „Jägerheim Stappen" gibt es das Altbier in Gläsern für Kölsch, aber das behalten wir für uns, denn derlei gehört wohl zu den unantastbaren Glaubensartikeln der Thekensteher, die auch hier und immer noch vom Fußball reden. So kommen wir durch den Ort hindurch, halten uns am Kruzifix halbrechts, folgen der „Fuchsstraße" und kommen an der Mühle an die Straße „An der Mühle". Von der neugotischen Kirche ist es nur noch ein Stück auf der Hauptstraße bis zum „Liedberger Landgasthof"; gegenüber steigen wir dann durch die Schloßstraße hinauf. Und wer vorhin am Liedberger Turm nicht aufgepaßt hat, der sieht ihn jetzt ein zweites Mal in schönstem Licht: gemalt ans Garagentor von Haus Nummer elf.

Rund um Liedberg

Weglänge: ca. 13 km

Anfahrt:
Autobahn Köln-Krefeld bis Neuss-West, hier A 46 bis Abf.
Holzheim, B 230 bis Liedberg; Parkplätze auf dem Markt (zu
erreichen über die „Schloßstraße") oder am Ortsrand: durch
Liedberg hindurch, dann erste Straße links (Nikolauskloster)
und gleich wieder links (Friedhof); von hier Verbindung zum
Markt durch die Straße „An der Tränke".

Wanderkarte:
L 4904 Mönchengladbach

Wanderweg:
Vom Marktplatz durch Anliegerstraße hinauf, bei Kapelle
links zur Burg; vor Aufgang links, durch Waldstück Weg 3
(„X"); am Waldrand links ①; nächstes Wegekreuz rechts ②,
am „Blankpfad" evtl. Abstecher über „Fürther Weg" zu Haus
Fürth, sonst „Blankpfad"; bei Gärtnerei Weg 3 verlassen,
geradeaus nach Glehn; „Hauptstraße", „Kirchstraße", links
„Bendstraße", Umgehungsstraße kreuzen, bei Gabelung
links, dann am Waldrand rechts ③; 100 m vor Waldrand links
Ackerweg ④; Teerweg kreuzen, dann mit zweitem Teerweg
⑤ an Ort heran, jenseits der Straße „Am Dyckershof", dann
„Blecherstraße" links; bei „Liedberger Straße" ⑥ geradeaus
bis ans Bruchgebiet, hier rechts durch Hoppbruch, beim
Dressurgelände ⑦ links („A 7") bis Weg 3 („X") ⑧; hier
rechts und bei Rechtsknick links zu Haus Horst; Wasseran-
lage umrunden, vom Parkplatz auf Kiesweg nach Süden
durch Waldstück; Weg schwenkt im Wald (vor Waldrand) ⑨
nach links, führt auf Steinhausen zu; nach 400 m scharfer
Linksknick: hier rechts über Graben steigen, am Fußballplatz
vorbei und über „Horster Straße", „Steinhausen', „Fuchsstraße" und „An der Mühle" zurück.
(Evtl. Erweiterung des Wegs durch eine Variante: hinter
Liedberger Wald rechts, nach 1 km links Haus Fürth, weiter
wie beschrieben; vgl. Karte.)

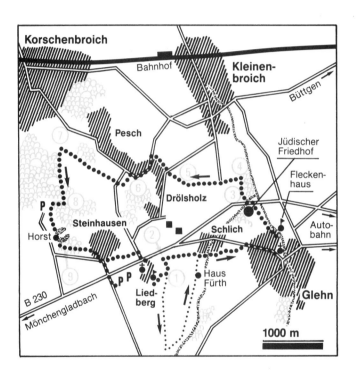

Tippeltour 13:

Der peinliche Name
ist nur noch Vergangenheit

Es läßt sich denken wie ein schlechter Witz: Kommt ein Bauer in die Stadt und muß aufs Amt: „Wohnort?" – „Psssm" – „Wie bitte?" – „Psssm" – „Mal was lauter gefälligst!" – „PISSENHEIM, verdammt nochmal."

Und dann hörte der Bürohengst nicht mal zu, wenn man ihm mit „Piso" ankam, der auch „Pisinius" geheißen haben mochte, dem unseligen Franken, der ausgerechnet hier, am Hügelrand zum Kottenforst, sich ein „Heim" errichten mußte. Und „honi soit qui mal y pense" verstand erst recht kein Mensch, nur „Pissenheim" das verstand jeder.

Der Spott, den sie hatten, war den Bauern schon Schaden genug. Als ihnen daher eine neue Regierung versprach, sie herrlichen Zeiten entgegenzuführen, da hatten sie gleich die Finger oben: Unser Dorf soll schöner heißen. Der „Werther Hof" im Dorf war auch schon ganz schön alt, und so taufte die Gemeinde sich 1934 „Werthoven", das war doch immerhin was anderes.

Nur die Alten kennen noch den alten Namen – und der Grabstein des Dorfschulmeisters hinter der Kirche von Berkum. Hier erfahren wir auch, wo wir sind: „Gasthaus zum Ländchen" heißt der Gasthof gegenüber, und so heißt die ganze Gegend: „Drachenfelser Ländchen" oder einfach „Ländchen" – ein gemütlicher Name für eine gemütliche Gegend mit gemütlichen Dörfern, die fast allesamt auf „-dorf", „-heim" oder „-hof" und „-hoven" enden.

Seit der kommunalen Neuverteilung 1969 heißen die Dörfer der Gegend alle „Wachtberg" mit Vornamen nach dem alten Wahrzeichen des Ländchens, aber auch der neue Name ist eher etwas für die Behörden, ansonsten bleibt es beim „Ländchen" – altes Kulturland, schon von den Franken gerodet und seither der blühende Garten im Süden von Bonn. Hier kann man laufen, wie man will, in den Frühling kommt man immer.

Vom Rathaus in Berkum wandern wir auf die gelbe Gereonskirche zu, oder, wenn man so will, auf das Siebengebirge in der Ferne, dann biegen wir links in die „Oberdorfstraße" ein und folgen dem Wanderweg „1" (schwarzes Dreieck) zum Ort hinaus. Wo Peter Geiersberg und seine Frau Maria Schob anno 1716 ein Wegkreuz gestiftet haben, liegt das neue Schul- und Sportzentrum der Großgemeinde Wachtberg. Gegenüber schimmert bald die Wasserburg Odenhausen

Wasserburg Odenhausen

durch die Kastanien, eine schöne und zudem sinnreiche Anlage auf zwei getrennten Inseln. Ein schwarzer Schwan paddelt zu uns an die Brücke und grunzt unwillig, als wir keine Brocken für ihn in der Tasche haben. Eine Bronzetafel zwischen den Schießscharten teilt uns in Kürze das Wichtigste mit, auch die Namen der Besitzer, und den allerletzten finden wir doch gleich noch einmal auf dem Klingelschild gegenüber. Die Burg ist also bewohnt, und es läßt sich wohl nicht schlecht hier wohnen, seit die ganze Anlage nach 1967 buchstäblich von Grund auf – nämlich von Grund der Wassergräben auf – gesichert wurde. Wir folgen draußen weiter dem Zeichen des Eifelvereins, vorbei am Park von Odenhausen und weiter auf der schmalen Birkenallee. Jenseits des Rheins liegen wieder die Berge und lassen sich zählen. Links, wo die Ackerfläche ansteigt, taucht das neue Wahrzeichen von Wachtberg auf, das „Radom" („radar dome" auf englisch, und mit „Radom" denkbar schlecht übersetzt) mit der Großantenne von Werthoven. Die weiße Kugel liegt dort glänzend in der Sonne wie ein Fußball von 48 Metern Durchmesser, zusammengenäht aus über 700 Kunststofflappen.

Wir überqueren die Straße, über die wir angereist sind, und wandern auf den Wachtberg zu. Hier, wo schon die römischen Soldaten einen Wacht-Berg mit Signalen unterhielten, finden wir im Wald den seltenen Fall einer Kriegergedächtnisstätte, die nicht im nachhinein noch aus den Toten Sieger machen möchte: kein martialisches Gehabe, nur ein Steinhaus des Gedenkens für die Opfer aus dem ersten Krieg, davor ein schlichtes Rondell mit den Namen der Gefallenen des Zweiten Weltkriegs.

Unser Weg verläuft am Waldrand des Wachtbergs entlang, nach etwa einem Kilometer, am Ende des Waldstücks, verläßt uns der Wanderweg „1" nach links. Wir wandern weiter geradeaus. Eine Hochspannungsleitung hat hier eine Schneise in den Wald gerissen und latscht nun breitbeinig durch die schöne Landschaft.

Vor uns liegt Villip mit der Kirche von Simon und Judas. Der Acker, den wir umrunden, ist von einer buschigen Hecke umgeben; noch sind die Sträucher zumeist kahl, aber schon jetzt zwitschert es überall im Gehölz. Wir folgen dem Ackerrand nach rechts, wenden uns dann abermals nach rechts, kommen an einem dunklen Waldstück vorbei, kreuzen wieder die Hochspannungsleitung und bleiben dann am Waldrand, bis wir die Straße erreichen. Hier gehen wir nach rechts

und biegen keine fünfzig Meter weiter wieder links ab, in die
abschüssig gewellte Ebene hinein.

Nicht weil man hier immer den Drachenfels sieht, heißt das
Ländchen das „Drachenfelser". Vielmehr markiert der Name
den Herrschaftsbereich derer vom Drachenfels, seit nach
1402 der Burggraf von gegenüber das Ländchen von der
nahen Burg Gudenau bei Villip aus regierte.

Parallel zur Hochspannungsleitung stolpern wir bergab, auf
zwei grüne Hochsitze zu; nach etwa vierhundert Metern
erreichen wir den Teerweg, der uns wieder zur Burg Odenhausen bringt. Bei jedem Blick entdecken wir mehr im Sie-
bengebirgspanorama: die Drachenburg etwa oder weiß am
Hang die Heilstätte Hohenhonnef. Der grüne Buckel links
neben Odenhausen, der sich beim weiteren Rundblick ins
Bild schiebt, ist unser nächstes Ziel. Die fränkischen Siedler,
die hier den Lößboden gerodet haben, mußten die felsigen
Kuppen bewaldet stehenlassen, und zwischen ihnen, Wachtberg, Hohenberg und Stumpeberg, liegt heute unser Weg.
Wir erreichen die Straße an der Wasserburg, berühren kurz
unseren Rundweg und wenden uns sofort wieder nach links,
an den Sportanlagen vorbei und auf den Stumpeberg zu. Am
Ende des Wegs, vor der umzäunten Obstbaumwiese, halten
wir uns rechts und kommen durch einen schmalen Durchlaß
in den Wald. Neben einer krummen Eiche steigen wir auf
Stufen den Waldlehrpfad am Stumpeberg hinauf. Wir überwinden den Buckel, dann folgen wir den Tritten aus Buchen-
scheiten sacht bergab und nach rechts. Am Waldrand taucht
die Schule auf, davor ein schöner Abenteuerspielplatz. Wer
hier mit Kindern unterwegs ist, wird wohl den Rest des Wegs
vergessen dürfen.

Wir gehen nach rechts über den „Stumpebergweg" und auf
der „Oberdorfstraße" zurück nach Berkum zum Ausgangspunkt.

Ins Drachenfelser Ländchen

Weglänge: ca. 8 km

Anfahrt:
A 565 bis Meckenheim-Merl, dann Beschilderung folgen bis
Berkum; Parkplätze neben und gegenüber dem Rathaus.
Von Bad Godesberg Bhf. Busverbindung mit Berkum.

Wanderkarte:
Naturpark Kottenforst-Ville 1:50 000 oder Bad Godesberg/
Kottenforst 1:25 000

Wanderweg:
Vom Rathaus auf Kirche zu, links ,,Oberdorfstraße" Weg 1
(schwarzes Dreieck) an Burg Odenhausen vorüber, weiter
auf Birkenallee, Straße kreuzen ①, an Mahnmal vorüber;
nach 1 km schwenkt am Ende des Waldstücks Weg 1 nach
links ②, hier geradeaus, nach 500 m rechts, Ackerrand folgen, am Waldrand ③ vorüber, auf Straße 50 m rechts, dann
links in die Felder ④; auf Teerweg ⑤ rechts bis Odenhausen,
gleich links an Sportanlagen vorbei; am Ende des Wegs
rechts und auf Waldlehrpfad über Stumpeberg und am
Spielplatz rechts zurück in den Ort.

Vom Ort ist ein Abstecher in die Trachytsteinbrüche für den
Kölner Dom möglich (vgl. Kartenskizze). Das Gelände um die
Domsteinbrüche ist zum Teil bewirtschaftet und dann einge-
zäunt; abseits der Wege ist besondere Vorsicht geboten.

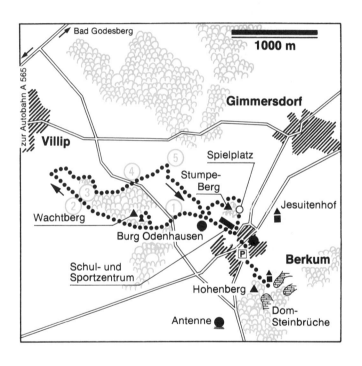

Durchs Monschauer Land

Tippeltour 14:

Rechts im Nu nach Belgien

Die ersten, die hier nachweislich gewandert sind, waren Petrus und der liebe Gott. Sie waren alleine zwischen Stock und Stein, denn der Mensch war noch nicht erschaffen, der hier leben mochte. Zu rauh war die Gegend und zu unwirtlich. Da trat der Herrgott gegen einen Klumpen Lehm und sprach zu ihm: „Werde ein Mensch." Das tat der auch; aber dankte er es seinem Schöpfer? Mürrisch sah der Nackedei an sich hinab, schimpfte wüst herum und verschwand in der Wildnis. Petrus war empört und rang nach Worten, aber der Herr blieb versöhnlich: „Das, lieber Petrus, ist der erste Monschauer, der ist nun mal so" – und wandelte weiter.

Die Monschauer aber sind bis heute nicht dahintergekommen, wer ihnen diese ehrabschneiderische Herkunft angehängt hat. Was in der Legende noch Öde und Wildnis war, ist einer der schönsten Landstriche im Rheinland, und wie zum Trost – wenn es denn einer ist – erleben sie es nun zu jedem Wochenende, wie die Menschen von weither in ihre ehedem so menschenleere Gegend kommen: zum Wandern, zum Staunen und zum Kaffee.

Die Parkplätze sind denn auch regelmäßig überfüllt, deshalb sind wir zunächst vorbeigefahren an der Stadt, um uns ihr später zu Fuß zu nähern.

Der Weg beginnt gleich eindrucksvoll: Gegenüber dem Parkplatz, jenseits der Straße, führen schmale Stufen mit einem Holzgeländer in den Wald hinab und auf den Rundweg „A 4". Hier halten wir uns links, durch den schönen Nadelwald zu beiden Ufern des Römerbachs. Bald stoßen wir an einer Felsenecke auf die Perlenbachtalsperre und folgen unserem Weg nach rechts, durch weiche Gräser, Erika, Moospolster, Ginster, Birken und Weidengebüsch. An einer dunklen Schutzhütte erreichen wir den Bachlauf des Perlenbachs. Flußperlen sollen ihm den Namen gegeben haben, wir entdecken nur schwarze Kaulquappen.

Dann überqueren wir auf einer Holzbrücke den Bach, folgen ihm nun wieder zum See und sind gleich auf dem breiten Wanderweg „12" (schwarzer Winkel). Nach zwei Kilometern, und dabei immer am Ostufer hart über dem See, erreichen

„Die Treppen hinauf zur Burg": Monschau

wir die Staumauer im Norden, wo das Wasser am Überlauf in schäumenden Stufen ins Tal fällt.
An der Straße halten wir uns ein paar Schritte links, schon vor dem „Wasserwerk Perlenbach" biegen wir wieder ab nach rechts (Winkel). Unter dem Brückenneubau hindurch kommen wir an den steilen Rand des Nadelwalds.
Vor dem Restaurant „Perlenau" am anderen Ufer sitzen die Ausflügler in der Sonne. Wir folgen weiter den Windungen des Baches. Immer wieder türmen sich zwischen den hohen Bäumen die Felsen übereinander, schwarzglänzend, grün bemoost und schwefelgelb. Auf diese Höhe müssen wir hinauf. Wir passieren noch eine Schutzhütte am Bach, die gar keine ist, sondern eine Kapelle für den Campingplatz gegenüber, dann wird es ernst: Weniger Meter hinter der Brücke beginnt der Hangweg zur Stadt.
Wer diesen Weg in den Steilhang gekerbt hat, hat dabei sicher oben angefangen: Ohne weite Kehren, fast schnurgeradeaus kommen wir schnaufend nach oben, erst knapp unterhalb der Kuppe, nahe beim Waldrand und sechzig Meter höher als bisher, wird es wieder waagerecht.
Auch oben folgen wir dem Perlenbach. Unser Pfad schlängelt sich zum Wald hinaus, durch buschige Mischkultur aus Fichten, Ginster, Busch, Weiden, Farn und Erika. Hinter einem felsigen Buckel im Hang öffnet sich der Blick ins Tal nach Norden. Nun haben wir die „Engelsley" vor uns, Felsen wie Blätterteig, die sich aus dem Berg hinaus und über den Abgrund schieben. Bei der Schutzhütte kommen wir auf die gesicherte Felsenkanzel. Die „Teufelsley" ein wenig später hat keinerlei Geländer, schließlich sind die Teufel auch gestürzte Engel.
Tief im Tal wandern Halma-Püppchen aus dem Wald und vorbei an der alten Fabrik.
Über hohe Tritte im dunklen Wald kommen wir wieder bergab, entdecken dann vor uns die Burg von Monschau und berühren den Parkplatz „Burgau" von seiner rückwärtigen Seite. Fürs erste bleiben wir auf unserem Weg und folgen den Schildern zum „Rinkberg" und zum „Kapellchen". Oben, dicht vor der Kapelle und dem Friedhof, orientieren wir uns abermals und nehmen dann den „Abgang zur Stadt". Vor zweihundert Jahren sah die Stadt schon aus wie heute, aber damals hieß sie noch nicht „Monschau". Erst 1918 wurde der peinliche Name „Montjoie" seiner üblichen Aussprache angepaßt; da ließ er sich zum einen leichter schrei-

ben und sah auch nicht mehr so verdächtig fremdländisch
aus wie vor dem Krieg.
So abgelegen wie in der Legende kann Monschau nie gewesen sein; immer wieder kamen Händler und Soldaten; die
einen zerschossen die Stadt, die anderen richteten sie wieder her, am schönsten im 18. Jahrhundert, als die Monschauer Tuchindustrie zu Weltruf gelangt war. In maleri-
schem Durcheinander wurden da die Fachwerkhäuser hoch-
gezogen, jede freie Ecke über der Rur trug ein Haus und trägt
es noch heute, bunt im Fachwerk, schieferbewehrt oder mit
lackiertem Holz gegen das Wetter geschützt.
Über den „Oberen" und den „Unteren Mühlenberg" kommen wir an den Fluß heran, auf wenigen Treppen steigen wir
dann bei der katholischen Kirche vom achtzehnten ins zwan-
zigste Jahrhundert, dem die Vergangenheit als schmucke
Fassade dient. Darin unterscheidet sich Monschau nicht von
vielen Ausflugzielen: Als Ziel ist es erstrebenswert für tau-
sende Besucher, die, wenn sie angelangt sind, naturgemäß
kein Ziel mehr haben, also buchstäblich ziellos und entsprechend ratlos sind. Da bleibt meist nicht viel mehr zu tun als
Kaffeetrinken. Oder nimmt man etwas Bleibendes mit, ein
Andenken zum An-Denken? Eine Wanderwurzel, wie hier die

Spazierstöcke heißen, oder eines jener roten Taschenmesser
mit dem weißen Kreuz darauf, von denen es in Deutschlands
Kiosken mehr gibt als in der Schweiz Offiziere?

Wir trinken ein Monschauer Bier auf einer Terrasse über der
gurgelnden Rur, überqueren dann das Flüßchen auf der
Stadtbrücke am Verkehrsamt und steigen am „Burghotel"
die Treppen hinauf zur Burg und zur Jugendherberge.

Hier oben folgen wir nun dem Rundweg „A 5" nach Westen,
später zur Stadt hinaus; wo die Sträßchen sich gabeln, bleiben wir links und wenig später abermals links.

So erreichen wir unten die „St. Vither Straße" und nehmen
den Weg nach rechts durch die Brauerei in Richtung „Reichenstein". Über ein paar Stufen kommen wir die Böschung
hinauf, kreuzen oben die Umgehungsstraße und kommen
drüben auf einen schmalen Wanderweg („Mützenich") in
den Wald („A 1, 2, 4").

Mit jedem Schritt bergauf lassen wir die Straße zurück; kein
Auto mehr; was jetzt noch rauscht, ist nur die Rur tief unter
unseren Füßen.

Am Feldrand bleiben wir auf dem Bergkamm, bei einer Hütte
neben einer Felsenkanzel steigt der Weg im schönsten Tannenwald bergab bis an das Wildwasser heran, in dessen
Kaskaden die Lichter des späten Nachmittags glitzern. Hier
folgen wir für mehr als zwei Kilometer dem abwechslungs-
reichen Rurtal bachaufwärts („A 5").

Erst vor dem ehemaligen Prämonstratenserkloster Reichenstein verlassen wir das Flüßchen, überqueren den Ermes-
bach, der hier mündet, und steigen zur Straße hinauf. Wo der
Viadukt der alten Vennbahn die Straße überquert, halten wir
uns links, am Weiher von Reichenstein vorüber. Am Parkplatz „Reichensteiner Brücke" überqueren wir die Rur und
steigen vor einer kleinen Dankkapelle aus Felsenstein nach
links im Wald bergauf, bleiben am Rand des alten Baumbe-
stands, bis wir oben den Weg „A 2" nach rechts verfolgen.

Bald kreuzen wir die Straße nach Kalterherberg, biegen dann
hinter den letzten Grundstücken nach links ab und steigen
am Rand der Felder gemächlich bergan („A 3, 4"). Die Wiesen schimmern rot vom Sauerampfer, links und vor uns
haben wir immer wieder die typischen Vennhöfe mit den
schützenden Hecken. Von der Höhe blicken wir zurück nach
Belgien, gegen die tiefe Sonne steht das „Kreuz im Venn" als
Silhouette, vor uns der „Eifeldom" von Kalterherberg.

Auf der Höhe halten wir uns rechts, auf die Stromleitung zu,

„Felsen wie Blätterteig": der Weg

an deren Mast wir uns weiter orientieren. Am Ende eines Grundstücks mit riesigen Buchen nehmen wir den Teerweg halbrechts („A 4", auch „A 1"). Den Ort haben wir dabei zur Linken. Endlich stoßen wir in einer Senke auf eine Querstraße („Fedderbach"); rechts käme man im Nu nach Belgien, links gehen wir in den Ort hinein. Überall gibt es hier Häuser mit prächtigen Hecken, sehenswert ist jede von ihnen, mit Luken für Fenster und Türen inmitten des dichten Grüns.

Wir folgen der Hauptstraße nach links bis zur nächsten Querstraße, nehmen hier die „Görgesstraße" nach rechts und wiederum nur bis zur nächsten Gabelung, wo wir uns erneut rechts halten und geradewegs wieder zum Ort hinauskommen. Der Weg fällt ab in die blühenden Wiesen, die Kirche von Höfen jenseits der Höhe vor uns und die rechte Ecke eines kleinen Waldstücks geben eine grobe Orientierung. Unterhalb der Wegecke knickt der Weg nach rechts und kommt auf einen Asphaltweg, wo wir links bleiben („A 1") bis zur Ecke des Wäldchens. Am Wegekreuz vor dem Waldrand biegen wir nach rechts in den „A 4" ein, folgen der Weißdornhecke, bis an ihrem Ende der Weg „A 4" nach rechts abknickt. Hundert Meter weiter verlassen wir die markierten Wege, nehmen den Wiesenweg nach links, folgen ihm rund zweihundert Meter durch einen Knick hindurch und kommen dann nach rechts und über die Weiden zum Parkplatz zurück.

Durchs Monschauer Land

Weglänge: 18 km

Anfahrt:
Über Zülpich, Nideggen in Richtung Monschau, Kalterherberg, vorbei am Perlenbachstausee; beim Verlassen des Seeufers hinter der Rechtskurve Parkplatz rechts der Straße, gegenüber Abstieg zum Weg „a 4"; oder A 4 und A 44 bis Aachen-Lichtenbusch, dann B 258 über Monschau.

Wanderkarte:
Monschauer Land/Rurseengebiet 1:25 000 oder Deutsch-Belgischer Naturpark 1:50 000 Nordblatt

Wanderweg:
Über Stufen Abstieg auf „A 4", links Römerbach folgen, am Perlenbachsee rechts bis Holzbrücke ①, Bach kreuzen und Weg 12 (Winkel) am See entlang folgen; auf der Straße links, rechts, weiter Weg 12 bachabwärts; hinter Campingplatzkapelle ② Aufstieg rechts, auf der felsigen Höhe wieder links dem Bachverlauf folgen; an Parkplatz Burgau vorüber, Schildern „Rinkberg", „Kapellchen" folgen, dann „Abgang zur Stadt" und durch den Ort ruraufwärts; am Verkehrsamt auf der Stadtbrücke über die Rur, am „Burghotel" Aufstieg zur Burg, oben „A 5" nach Westen, auf „St. Vither Straße", durch Brauerei in Richtung „Reichenstein", Umgehungsstraße kreuzen ③ und Wegen „A 1, 2, 4" folgen („Mützenich"), bei Hütte ④ Abstieg vom Bergkamm zum Fluß und kilometerweit „A 5", vor Reichenstein an die Straße heran, am Parkplatz „Reichensteiner Brücke" die Rur überqueren und vor Dankkapelle ⑤ Aufstieg, oben „A 2" rechts; Straße nach Kalterherberg ⑥ kreuzen und parallel zur Straße „A 3, 4", bei großen Buchen Teerweg halbrechts („A 4"); in Senke auf Querweg „Fedderbach" ⑦, hier links, im Ort links, dann „Görgesstraße" rechts, bei erster Gabelung halbrechts durch Wiesen auf Kirchturm von Höfen zu, „A 1" bis zur Waldecke ⑧, hier rechts „A 4", Rechtsknick am Ende der Weißdornhecke, nach 100 m links unmarkierter Wiesenweg zurück zum Ausgangspunkt.

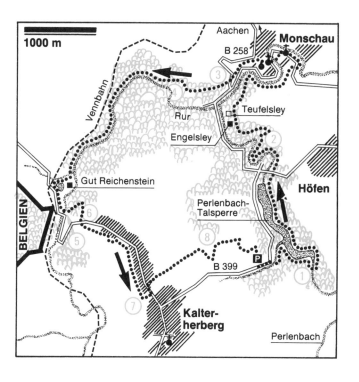

Tippeltour 15:

Wo Kölns Römer ihr Wasser holten

„Als die Römer frech geworden, / zogen sie nach Deutschlands Norden. / Vorne mit Trompetenschall / ritt der Generalfeldmarschall / Quintilianus Varus." – Wie jeder weiß, ist ihm das schlecht bekommen. Im Teutoburger Wald bekam er mächtig eins aufs Haupt, daß der Kaiser im fernen Rom seinen Schrecken nur in zitierfähigen Klagerufen fassen konnte. Und die Römer zogen endlich von dannen, über die Alpen fort bis ins Tessin? Und die Germanen schüttelten ihr Bärenfeld und konnten endlich Deutsche werden? Und blieben fortan unter sich, von der Maas bis an die Memel? Nichts davon, am Rhein schon blieben die Römer stehen, setzten sich hier fest auf Dauer, pflegten gutnachbarliche Beziehungen zu den Ubiern und anderen Germanenstämmen, gründeten auch manche Stadt, und um der Welt zu zeigen, daß sie bleiben würden, begannen sie, ihre Hauptstadt am Rhein mit bestem Wasser zu versorgen.

Sie bauten eine Wasserleitung von insgesamt fast hundert Kilometer Länge, von den Kalkmulden der Eifel bis nach Köln, wo es zuvor zu trinken nur aus dem Duffesbach gegeben hatte.

Aber die Römer blieben nicht ewig, und die späteren Herren hatten für ihr Bauwerk kaum Verständnis. Mehr noch: Sie verstanden es nicht nur nicht, sie hatten nicht einmal einen richtigen Namen dafür: Als „steinin rinnin", als steinerne Rinne, taucht der Römerkanal im mittelalterlichen „Annolied" auf. Aber daß man soviel technischen Aufwand bloß wegen des Wassers getrieben hatte, mochte in Deutschland niemand mehr denken. Daher glaubte man zu Zeiten Annos, die Römer hätten sich in dieser langen Leitung den Moselwein von Trier nach Köln geholt. Soviel zum Sachverstand des Mittelalters.

Für die Römer war ihre Wasserrinne eine von vielen gewesen, eine Selbstverständlichkeit sozusagen, über die kein Autor der Antike auch nur ein Wort verlieren mußte. Mit wohlvermessenem Gefälle folgte sie den Schwüngen des

Geländes, nur einmal, bei Vussem, überbrückte ein Aquädukt das Tal mit einer Neigung von exakt 1:250. Hier stellen
wir das Auto vor dem Sportplatz ab und wandern los. Die
beiden letzten Grauwackebögen sind 1960 wieder aufge-
mauert worden, deutlich ist oben die Rinne zu erkennen.
Wir nehmen den Weg zurück durch die Titusstraße, wenden
uns dann nach Vussem und biegen noch vor dem Bach nach
links in den „Friedhofsweg" ein. Bald passieren wir das
Ehrenmal, folgen dem Querweg ein Stück talwärts und auf
ein Gehöft zu und nehmen dann, wieder vor dem Bach, den
Teerweg nach links, an der Böschung des Bachtals entlang
in Richtung Süden.
In einer Biegung ist ein Stück der Wasserleitung freigegra-
ben worden. Um ihr Wasser kühl und sauber zu halten und es
zugleich vor dem Frost zu schützen, den sie in ihrer Heimat
nicht kannten, legten die Römer ihre Leitung unterirdisch an,
wie man hier gut sehen kann.
Bald kommen die ersten Häuser von Eiserfey. „Am Römerkanal" heißt unser Weg, wie wir hier lesen. Wir folgen der
Straße „Im Wiesengrund" weiter geradeaus, am Hang entlang. An der großen Wassermühle halten wir uns rechts,
überqueren den Bach und stoßen in Höhe des Denkmals auf
die Hauptstraße (B 477).

Schöne Fachwerkgiebel, Dächer mit glasierten Ziegeln begleiten uns durch den Ort hindurch. Das Wasser des Baches springt in Terrassen von Haus zu Haus. Wir bleiben auf der Hauptstraße, lassen in der Biegung die Kapelle des heiligen Wendelin rechts liegen, ebenso die Post gegenüber, und erst wo in der nächsten Biegung ein Schild die Autofahrer auf die „Kakushöhle" hinweist, verlassen wir die Straße und wandern rechts durch die Anliegerstraße „Zur Kakushöhle". Ihr folgen wir etwa vierhundert Meter, dann, beim letzten Haus, weiß mit einem Steingarten davor, wo die Straße sacht nach rechts schwenkt, führt eine Felssteintreppe bergauf und in den Wald. Hier steigen wir hinauf, von der Römerzeit gewissermaßen in die letzte Eiszeit. Gleich wird es kühl, die Bäume sind von Efeu überwuchert, dahinter schimmern schon die gelblich-weißen Kuppen, in deren Innerem die Kakushöhle sich gebildet hat. Wir steigen in den Höhlen umher und dann hinauf. Vom Kartsteinplateau blicken wir auf Dreimühlen hinab und beginnen schließlich den Rückweg, passieren den Schutzwall aus vorrömischer Zeit und steigen gleich darauf nach links zum Parkplatz an der Straße hinunter.

Für gut zweihundert Meter folgen wir der Straße nach Westen, auf Weyer mit dem gut sichtbaren Kirchturm zu. Dann nehmen wir in der ersten Linkskurve den Fahrweg nach rechts, im spitzen Winkel auf die Kartsteinhöhe zu. Vor den Büschen des Naturschutzgebietes zweigt unser Weg nach links ab, zwanzig Meter später führt er abermals nach links und verläuft nun inmitten der Felder. Links haben wir nun ein Gehöft vor uns, geradeaus ein steinernes Wegkreuz, und überall einen herrlichen Fernblick über die Eifelhöhen bis zum Radioteleskop auf dem Stockert bei Münstereifel.

Vom Wegkreuz wandern wir hinüber zur kleinen Pfarrkirche von Weyer, die vor dem Ort auf einem Hügel liegt. Das hat dem Kirchlein des St. Cyriacus zwar den Argwohn eingetragen, es stehe auf den Resten eines Heidentempels, aber dafür ist der weiße Turm zu einem Anhaltspunkt der ganzen weiteren Umgebung geworden.

An der Kirchhofsmauer haben wir den Winkel eines Wanderwegs (11) entdeckt, dem wir ein Stückchen folgen können. Den Ort und die Kirchwege lassen wir dabei links unter uns und wandern weiter westwärts, bis wir in den Wiesen nach etwa hundertzwanzig Metern nach rechts schwenken, auf ein kleines Wegkreuz zu. Unser Weg führt durch Wiesen und

Eingang zur Kakushöhle

Büsche abwärts, dann links an einer Weide vorbei, auf einen
alten Hochsitz zu und am Wald entlang. Den Weidezaun zur
Rechten, Haselnußsträucher zur Linken, steigen wir auf
schmalem Pfad bergab. Unten, wo wir dem Teerweg nach
links folgen, wird auch die Markierung deutlicher, die uns
zwischendurch abhanden kommen wollte.
Einen halben Kilometer von uns entfernt, jenseits der Talstraße, ragt ein Kegelberg mit einem Gipfelkreuz auf. Wir
wandern links auf Urfey zu, noch vor dem großen Hof am
Ortsrand verlassen wir den gekennzeichneten Wanderweg
nach rechts, überqueren den Bach, wenden uns drüben auf
der Straße nach links, aber steigen schon nach zwanzig
Metern, noch vor der Kastanie, rechts in spitzem Winkel den
Teerweg hinauf.
Wo der Weg sich gabelt, halten wir uns rechts auf dem
Splittweg, vorbei an einer Bank und in Richtung auf das
Gipfelkreuz von gegenüber. Der Weg verläuft bequem am
Hang entlang und um den Hang herum, auf halber Höhe über
dem Veybach und der Straße. Bald kommen wir an den
Waldrand heran, Buchen wechseln mit Fichten, später ein
feuchtes Stück mit Pappeln. Wir stoßen auf einen Querweg
und folgen ihm weiter am Waldrand entlang nach links.
Wo der Pappelwald zurückspringt, beginnt ein asphaltiertes
Wegstück, dem wir nun nach rechts folgen, quer durch das
kleine Tal hindurch und drüben wieder zurück in Richtung
auf die Talstraße.

Hinter dem Waldstück zur Linken, oberhalb der Straße, knickt der Teerweg scharf nach links. Nach wenigen hundert Metern erreichen wir bei einem Gehöft unser Ziel: Rechts führt ein Pfad über schmale Holztritte nach unten, zum Schutzhaus der römischen Quellstube am Klausbrunnen. Unten lesen wir, daß wir uns erst den Schlüssel oben holen müssen und bekommen ihn durchs Fenster gereicht, wo ein Spion, ein kleiner Spiegel, auf der Wand sitzt. Hier kaufen wir auch gleich ein nützliches Büchlein und steigen gut gerüstet wieder hinab.

Ein Teil des Wassers, das in Köln dann aus den Brunnen sprang, kam hier aus der Erde. Es drang durch das bergwärts unverfugte Gemäuer, sammelte sich, wurde geklärt und ging so auf die weite Reise, fünfhundert Kubikmeter an jedem Tag. Die Brunnenstube ist noch so erhalten wie zur Römerzeit, und das Wassernetz von Urfey und Weyer ist heute wieder mit dem römischen System verbunden. Ansonsten liegt der Kanal in Trümmern. Jahrhunderte hinweg diente das römische Wunderwerk Hinz und Kunz als Steinbruch, Kirchen und Ställe wurden aus den Steinen geschichtet, und das Wasser von Köln wurde ein Fall für die Werbeabteilung der Stadtwerke: „Dat Wasser vun Kölle es jot" – mag sein, aber in der Antike war es besser.

Wir bringen den Schlüssel zurück, geben gerne zu, daß der Tag mal wieder ungewöhnlich schön ist, und wandern weiter in Richtung Kallmuth. Als wir auf die Landstraße stoßen, halten wir uns rechts, schon im Knick nehmen wir drüben den Splittweg in den Wald, aber auch den verlassen wir gleich und steigen nun auf dem schmalen Pfad zwischen der Weide und den Büschen im Taleinschnitt bergauf. Ein Weg ist kaum zu erkennen, aber die Richtung ist dennoch nicht zu verfehlen. Oben wandern wir weiter geradeaus, bis wir vor Lorbach stehen.

Auch hier wird der Aufstieg mit weiten Blicken belohnt. Wir bleiben am Ortsrand und nehmen die Nebenstraße nach rechts. Wo auch sie in den Ort will, halten wir uns abermals rechts, auf dem schmalen „Masholderweg" am Dorf entlang. Nach mehr als einem halben Kilometer stoßen wir auf einen Querweg. Hier steigen wir gegenüber dem Stallgebäude, zwischen Bank und Trafohäuschen, zur „Schumacherstraße" hinunter und folgen ihr nach rechts, zum Ort hinaus. Die Straße führt in die Felder, schmiegt sich an die Hänge und gabelt sich dann endlich; wir folgen dem linken der

St. Cyriacus bei Weyer

beiden Teerwege. Die Kusselbüsche auf den Wiesen haben jetzt schon lange dunkle Schatten.
Der Teerweg endet vor einem Waldstück, hier nehmen wir den Weg nach links, im Espenwald ins Tal.
Unten überqueren wir die Straße, halten uns ein kurzes Stück links und nehmen dann gleich den „Harterweg" in den Ort hinein. An der Margaretenkapelle folgen wir der „Ortsstraße" nach links, bis uns in der Kurve der „Holzheimer Weg" nach rechts den Weg zurück zum Aquädukt weist.

Zum Römerkanal bei Mechernich

Weglänge: 12 km

Anfahrt:
A 1 bis Bad Münstereifel/Mechernich, Richtung Mechernich, in Breitenbenden links nach Vussem, im Ort der Beschilderung zum Aquädukt folgen, dort Parkgelegenheit am Sportplatz.

Wanderkarte:
Nettersheim/Kall 1:25 000 oder Deutsch-Belgischer Naturpark 1:50 000 Nordblatt

Wanderweg:
„Titusstraße", vor dem Bach links „Friedhofsweg", am Ehrenmal vorüber, talwärts, noch vor dem Bach Teerweg nach links in der Böschung bis Eiserfey; Straße „Im Wiesengrund" folgen, bei Wassermühle rechts über den Bach und bei Denkmal an die Straße (B 477); durch den Ort nach links, Anliegerstraße „Zur Kakushöhle" ①, nach 400 m, beim letzten Haus, rechts Felssteintreppe hinauf zur Höhle; Abstieg zum Parkplatz bei Dreimühlen, auf der Straße rechts, nach ca. 200 m, in der ersten Linkskurve, Fahrweg rechts zurück, vor Naturschutzgebiet ② links und wieder links an Kreuz vorbei ③ zur Kirche; hier Weg 11 (Winkel) westwärts, nach ca. 120 m rechts durch die Wiesen und Abstieg zum Teerweg ④, links nach Urfey, hier Weg 11 verlassen, rechts Bach kreuzen, dann links und wieder rechts, Weg in die Böschung; bei Gabelung gleich wieder rechts, dann dem Hang folgen ⑤, am Waldrand entlang bis Pappelwald, am Ende ⑥ Teerweg rechts, vor der Straße links ⑦ zur Brunnenstube, oben am Bauernhaus vorbei Richtung Kallmuth, Straße unten rechtsversetzt kreuzen ⑧, Splittweg und gleich schmaler Pfad zwischen Weide und Büschen bergauf bis Lorbach; Straße nach rechts, auf „Masholderweg" am Ort entlang, nach über 500 m Querweg links auf „Schumacherstraße" rechts zum Ort hinaus; bei Gabelung in den Feldern Teerweg links ⑨, am Waldstück ⑩ links und über „Harterweg", „Ortsstraße" und „Holzheimer Weg" zurück.

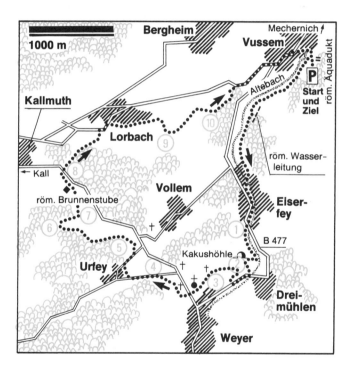

Tippeltour 16:

Auf den Spuren eines Wunders

Johann Thynen war im Lesen sicher kaum geübt, aber was da vor ihm stand im hellroten Holz, das hatte er so oft gesehen, das konnte er doch ohne weiteres entziffern. Er ließ vor Schreck die Spaltaxt fallen und schlug mit den blauroten Fingern ein Kreuz: Der Buchenscheit, den er der Länge nach gespalten hatte, war inmitten gezeichnet mit dem Namen JESU. Ein Wunder, keine Frage, geschehen im Rheinbacher Wald am 20. Januar 1681. So etwas spricht sich herum, nicht nur in Rheinbach; Kurfürst Max Heinrich ließ das Holz in Silber fassen. Die Bauern und Bürger dankten Gott für dies Zeichen und ihrem Kurfürst für die noble Geste.

So wie sie die Herren aus der Bonner Residenz sonst kannten und wie sie sie kennenlernen sollten, so ließen die ihr Silber leichter springen für eine kostspielige Jagd im Kottenforst.

Max Heinrich, der in Köln in St. Pantaleon mönchisch lebte, ließ über der Fundstelle des Menetekels aus Holz eine Kapelle errichten; seine Nachfolger legten in den Kottenforst ein Wegenetz aus geraden Bahnen für die Hetzjagd zu Pferde. Auf solchen Wegen kommen wir noch heute zur Kapelle.

Unser Ausgangspunkt ist die Ruine der Tomburg im Süden von Rheinbach, wo die Eifel abfällt in die Niederung des Swisttals. Vom Parkplatz am Fuß des Tombergs nehmen wir den Weg zwischen den Feldern und dem Basaltkegel bis zur Schutzhütte am Berg; hier steigen wir hinauf bis zum Gipfel. Vielerlei Grün liegt da unter uns, helle Saaten, hell die Lärchen, dunkel die winterharten Hölzer; bis Meckenheim im Osten ziehen sich die Obstbaumplantagen.

Hier war der Sitz der Pfalzgrafen, die ebenso wie wir die Straße und das flache Land im Auge hatten und jederzeit wußten, wer da wie und warum unterwegs war von Remagen nach Aachen.

Dann sind wir wieder unten an der Hütte, halten uns am Waldrand rechts und beim Querweg abermals rechts und weiter am Waldrand (Rundweg „A 12" und Wanderweg „2", schwarzes Dreieck). Einen Kilometer geht es geradeaus, der

Rheinbach

Weg ist nicht immer zu sehen unter dem Laub, aber deutlich markiert an den Bäumen. Wo auf einem breiten Querweg der „A 12" nach rechts abbiegt, gehen wir links („A 5"), bis wir nach 250 Metern am Wegekreuz wieder nach rechts abbiegen („A 6"). Auch dieser Weg verläuft wie fast alle schnurgeradeaus, diesmal für sechshundert Meter, dann erreichen wir den Parkplatz an der Straße durch den Wald.

Drüben müssen einst Buchen gestanden haben, denn es war eine Buche, die der fromme Thynen hier gespalten hatte; jetzt stehen dort hohe Platanen und zwischen ihnen die Kapelle. Fünf Jahre nach dem Rheinbacher Wunder ließ der Kölner Kurfürst hier ein kleines Kloster bauen, das war so winzig, daß nur vier Franziskaner je eine Klause fanden, und auch das nicht für lange.

Clemens August, der als Landesherr nicht weniger bekannt war denn als Bauherr, weihte 1745 hier abermals ein Kloster ein. Bald nach der Revolution in Paris kamen von Frankreich her zunächst Gerüchte, dann Soldaten. Der letzte Kurfürst – diesmal hieß er Max Franz – ließ packen und wechselte die Rheinseite. Die Klöster wurden aufgehoben, und seit 1845 ragen hier im Wald nur noch die Mauersockel aus dem welken Laub wie ein Grundriß im Maßstab eins zu eins. Erhalten blieb nur die Kapelle.

Jenseits des Gürtels aus Platanen und Kreuzwegstationen, wo eine Tafel über die Klosteranlage Bescheid weiß, nehmen wir den Weg „A 7" wieder geradewegs in den Wald. Es geht sacht bergauf und hinter einem breiten Querweg in den dunklen Kiefernwald. Dann erreichen wir bei einer offenen Schutzhütte den Waldrand; vor uns liegt jetzt Merzbach.

Für zwei lange Kilometer mit weiten Blicken halten wir uns nun am Waldrand. Der „A 7" weist uns zunächst nach rechts, wir treffen auf einen Teerweg und folgen ihm nach links bis ins Bachtal. Hier verläßt uns der „A 7" nach rechts in den Wald. Wir passieren die Erlen und den Bach und wandern sacht bergauf. Am Ortsrand von Merzbach folgen wir der Landstraße ein kleines Stück nach links, dann biegen wir rechts in die „Schlebacher Straße" ein, und wo auch sie längs der Birnbäume ins Dorf führt, bleiben wir weiter geradeaus, immer noch am Waldrand entlang. Allmählich kommen wir nach oben, haben die Tomburg weit hinter uns, den Weg am Waldrand unter uns, fern das Siebengebirge und überall das braune Laub der Eichen.

So kommen wir im Bogen um Merzbach herum, passieren den Wasserbehälter von Schlebach, der Wald springt ein wenig zurück, und ehe wir vollends die Höhe erreichen, nehmen wir bei einem wilden Kirschbaum mit einer Bank darunter den Weg nach rechts in den Wald. Hier kreuzen wir den Reitweg, halten uns weiter ins Dunkle hinein, wo wir auf einen Wanderweg treffen (schwarzer Winkel), und haben dann gleich rechts den Wischeler-Aussichtsturm vor uns.

Rheinbach: Altes Stadttor

Hier geschah das Wunder im Wald

Aus alten Telegraphenmasten dauerhaft verstrebt, steht er
auf seinem Buckel mitten im Wald und ragt zu den Spitzen
der Bäume. Wir klettern das sanft vibrierende Gerüst hinauf
bis zur Plattform: Über allen Gipfeln ist tatsächlich Ruh, und
auch die Vögelein schweigen im Walde, nur zwei Tauben
sind noch höher als wir und fliegen geradewegs auf Rheinbach zu. Die Stadt liegt ausgebreitet vor uns, die Kirche, die
alten Türme und die neuen Befestigungen der Justizvoll-
zugsanstalt.
Am südöstlichen Fundament finden wir eine Hinweistafel:
Hier folgen wir dem Wanderweg ,,10" (schwarzer Winkel)
zunächst in Richtung Rheinbach.
Es geht ein Stück zum Waldrand zurück, vorher aber knickt
der Weg (auch ,,A 9" und ,,A 10") schon nach links. Nadelwald wechselt mit hellem Laub. Nach rechts und nach links
verlassen uns bald die beiden örtlichen Rundwanderwege,
wir bleiben weiter geradeaus, immer dem Winkel auf der
Spur.
Bei einer Schneise halten wir uns rechts, dann und wann
kreuzen Wege, aber immer wieder gibt uns der Winkel die
Richtung. Etwa zwei Kilometer sind wir seit dem Turm
gewandert, dann stehen wir vor der Straße im Wald, links
einer der Weiher des Rheinbacher Stadtwalds. An seinem
Ufer, wo Kinder die Enten locken, kommen wir bis zur Stra-
ßengabelung am gelben Forsthaus; hier schaut ein Hirsch
aus Steingut mitten aus der Wand.

Am „Ölmühlenweg", noch ehe wir nach Rheinbach kommen, führt der Wanderweg (Winkel) wieder in den Wald, er verläuft jetzt parallel zum Waldrand, hinter dem der Ort beginnt.

Am Wegkreuz kommen wir zum Ort hinaus, der Querweg führt links geradewegs auf den Wasserturm zu, wir überqueren noch diesen breiten Weg und folgen dann, nach etwa zwanzig Metern, dem Zeichen „N" auf schmalem Pfad nach rechts, bachaufwärts.

Bald erreichen wir wieder einen der idyllischen Weiher mitten im Wald; zur Hälfte ist er schon mit Laub bedeckt, oder sollen wir dem Stadtdirektor glauben, der auf einem Warnschild von der „Eisfläche" abrät?

Das Bächlein windet sich neben uns durch den Waldboden, wir erreichen einen zweiten Weiher, ebenso schön wie der erste, und hier, wo auf einer Halbinsel im Wasser rechts eine hohe Tanne steht, verlassen wir den Weg „N" nach links, scheinbar mitten in den Wald. Der Weg „A 5" ist kaum zu sehen, aber die Zeichen an den Bäumen sind wie immer deutlich.

Rechter Hand beginnt im Buchenwald ein Stückchen Nadelwaldkultur. Dann biegt der Weg nach rechts und folgt dem Zeichen des Wanderwegs „2" (schwarzes Dreieck) bis zu einem Hinweisstein am Wegekreuz. Hier halten wir uns auf dem unmarkierten Weg nach links in Richtung Wormersdorf.

Nach vierhundert Metern kreuzen wir wieder eine breite, schnurgerade Waldallee, der Weg gegenüber ist kaum zu sehen neben der alten Holzbank, aber dafür unter den Füßen zu spüren: kein weicher Waldboden, sondern verfestigter Kies.

Ein trockener Graben begleitet uns ein Stück durch den Wald, an einem Hochsitz vorbei und über ein Brückchen führt unser Weg, bis wir vor einer Waldwiese auf einen breiteren Weg stoßen. Wir gehen links auf diesem Weg, am Ende der Wiese auf einem Steg über den Graben nach rechts und folgen weiter dem „A 12". So umrunden wir im Wald zur Hälfte die Wiese, bleiben dabei weiter auf dem Weg „A 12". Vor einer Lärchengruppe, wo die Buchen mit Nadelwald wechseln, schwenken wir nach links. Bald haben wir rechts schon wieder eine Waldwiese neben uns, hinter der sich der Kegel des Tombergs erhebt. Ehe wir den Waldrand erreichen, steigt der Weg „A 12" nach rechts bis an die Wiese heran und von dort zurück zum Parkplatz.

Durch den Rheinbacher Wald

Weglänge: gut 12 km

Anfahrt:
A 61 bis Rheinbach, B 266 nach Wormersdorf, bei der Kirche beschilderter Weg zur Tomburg, Wanderparkplatz am Waldrand vor dem Bergkegel.

Wanderkarte:
Naturpark Kottenforst-Ville 1:50 000

Wanderweg:
Beim Abstieg von der Tomburg am Waldrand rechts, beim Querweg abermals rechts „A 12" und Weg 2 (Dreieck); nach 1 km links „A 5" ①, nach 250 m rechts „A 6" ②, nach 600 m Parkplatz mit Waldkapelle, weiter „A 7" durch den Wald, dann 2 km am Waldrand, im Bogen um Merzbach herum; vor der Höhe, bei Kirschbaum mit Bank ③, rechts bergauf in den Wald zum Turm; Wanderweg 10 (Winkel) durch Wald folgen, nach 2 km Straße mit Weiher, am „Ölmühlenweg" noch Weg 10 mit Winkel folgen bis zum Querweg ④ mit Wasserturm, hier rechts „N" bachaufwärts, beim zweiten Weiher links in den Wald („A 5"), dann rechts Weg 2 (Dreieck) folgen ⑤; am Wegekreuz Hinweisstein, hier links auf unmarkiertem Weg Richtung Wormersdorf ⑥, nach 400 m geraden Waldweg kreuzen ⑦, mit „A 12" Wiese halb umrunden ⑧ und zurück zum Ausgangspunkt.

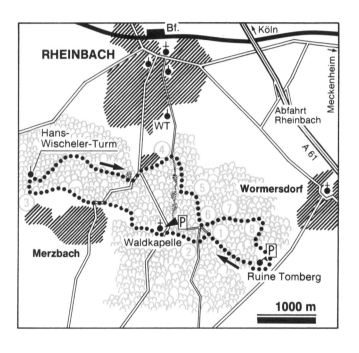

Tippeltour 17:

Kein Platz für Teufel

Auf dem höchsten Punkt von Münstereifel steht ein Erzengel und wehrt die Teufel ab. Nach dem weißen Drachenkämpfer heißt der Berg auch seit dem Mittelalter Michelsberg.

Zu Germanenzeiten hatte Wotan hier geherrscht, da war die schwarze Kuppe aus Basalt noch Stätte des Gerichts: „Mahal berg". Als dann mit „Weiche, Wotan, weiche!" das Christentum dem Heidenbetrieb auf dem „Malberg" ein Ende setzte, rutschte der Name vom Berg auf die Ortschaft daneben: Mahlberg beim Michelsberg. Ausgangspunkt für eine Tippeltour mitten durch den schönsten Winter.

Schon vom Parkplatz aus sehen wir die Rodler am Hang jenseits der Straße im Tal. Wir gehen auf der „Römerstraße", an der unser Parkplatz liegt, das kurze Stück zurück bis zur Kreuzung der „Michelsberger Straße" in Mahlberg. Hier folgen wir dem Holzschild „Michelsberg. Kapelle und Aussichtsturm" nach links, den Weg für Forstfahrzeuge hinauf („A 2" und „A 5").

Über den weißbereiften Bäumen zur Rechten haben wir bald die Spitze der Kapelle vor uns. Unterhalb des Berges windet sich der Weg nach rechts durch eine Kehre bergauf. Auf dem Feldweg zwischen den Weiden fahren Kinder Schlitten. Am Waldrand kommen wir noch vor dem Wanderparkplatz an den „Engelsbergweg" mit einer Wegetafel; hier halten wir uns vor dem Waldstück und vor der Wegetafel links.

Die Kinder haben ihre Schlitten wieder hochgebracht und sausen gleich das kurze Stück erneut hinab.

Bei der grünweißen Eisenschranke nehmen wir den Weg nach rechts in den Wald hinein und dabei sacht bergauf.

Dann erreichen wir im tief verschneiten Wald die erste Station des Kreuzwegs unter dem Gipfel.

Im Jahre 1607 pilgerte zum ersten Mal ganz Münstereifel auf den Michelsberg, seither finden zweimal im Jahr hier oben Wallfahrten statt: am 8. Mai, zum Tag von Michaels Erscheinung, und in der Woche um den 29. September, dem Namenstag des Erzengels und aller Namensvettern.

Nach wenigen Schritten weiter bergauf weisen zwei Hinweistafeln zur Kapelle und zur Aussichtsplattform. Wir halten uns

Kapelle auf dem Michelsberg

zunächst rechts und steigen über hölzerne Tritte zur Platt-
form hinauf. Der Himmel ist grau vom vielen Schnee, die
Aussicht reicht nur bis zur nächsten Ortschaft, aber dafür
haben wir im Holz ein wetterfestes Panorama vor uns, das
uns zeigt, was wir am Horizont vergeblich suchen: Die Hohe
Acht, die Nürburg und die anderen markanten Eifelhöhen.
Beim Blick zurück entdecken wir das weiße Dach der Kapelle
und steigen wieder hinunter von der Plattform, zur nächsten
Kuppe hinüber.
Hier hat der Schäfer Johann Peter Kuchem 1920 einen
Herbststurm glücklich überlebt, nur nachdenklich geworden
ist er zwischen all den Blitzen, die gewiß doch ihm gegolten,
aber nur den Wetterhahn getroffen haben. Da ist ihm die
Moral von der Geschichte gleich in Reimen eingefallen:
„ZU JEDER ZEIT UND FRIST / BDENK DEIN ENDE CHRIST"
steht in Stein nun rechts vom Wege.
Bald schimmert die Kapelle weiß gegen weiß durch die ver-
schneiten Bäume. Wir steigen hier, bei der dreizehnten
Kreuzwegstation, ein paar Stufen hinauf, der Frost friert
die Finger fast an das Eisengeländer, dann sind wir oben,
588 Meter hoch, kein Berg ist höher im weiten Umkreis.
Es ist ruhig hier oben, das Kirchlein ist verschlossen, die
Treppen sind im Schnee verweht.
Zur Wallfahrtszeit aber hat es hier oben schon ganz unchrist-
liche Regsamkeit gegeben: Von 1818 ist im Stadtarchiv von
Münstereifel die Verfügung überliefert, daß es keinem Krä-
mer oder Schankwirt gar gestattet sei, in den Mauern um die
Kirche Tische oder Läden aufzuschlagen.
Neben der Grablegung, die im Osten an die Außenmauer
grenzt, steigen wir in einer Kehre vom Gipfel hinab, bei der
achten Station des Kreuzwegs kommen wir an einer
Schranke zum Wald hinaus (Weg „A 5").
Wir halten uns links, drehen uns dabei ein wenig um den
Berg herum, dann nehmen wir bei einer Bank (Zeichen „A 2"
und „A 5") den Weg nach Norden über die freie Fläche. Links
haben wir nun jenseits des Tales wieder den Rodelhang am
Bleielsnück. Der Weg berührt ein kleines Waldstück, am
Ende des Wäldchens weisen die Zeichen nach halblinks und
führen uns den Hang hinab, geradewegs auf die Straße zu,
wo eine lange Reihe Autos darauf wartet, daß sich die Insas-
sen endlich müde getobt haben.
Wir kreuzen die Straße am Parkplatz „Bleielsnück", probieren einen Glühwein an der Bude und wandern dann weiter in

Richtung „Decke Tönnes" (schwarzes Dreieck des Wanderwegs 3, auch Rundweg „A 6"). Skilangläufer überholen und
begegnen uns, als wir nun für mehr als zwei Kilometer
geradeaus marschieren.

Ein Bernhardiner kommt uns durch den Schnee entgegen,
hinter ihm sein Herrchen; wir fragen nach dem Fäßchen Rum
am Halsband, aber den Witz haben die beiden heute schon
zu oft gehört: der Hund läßt sich nichts anmerken, aber
Herrchen mustert uns mit einem Blick, neben dem die Hun-
deschnauze fast schon lächelt wie ein Präsidentschaftskan-
didat im Wahlkampf.

Hinter einer Schutzhütte mit spitzem Dach kommen wir in
den Wald, Fichten zunächst, dann Eichen, hier gehen wir
nicht rechts noch links und erreichen so am Ende die Straße
im Wald.

Was immer man sich vorstellt unter einem „Decke Tönnes":
es hat nichts zu tun mit dem, was wir hier finden. Der „decke
Tönnes" ist die Statue des heiligen Antonius von Ägypten in
dem weißen Kapellchen zur Linken; die Eifelbewohner rufen
ihn vertrauensvoll beim Kosenamen, und weil das Standbild
„überlebensgroß" ist, wie es auf der Tafel heißt, ist der
Tünnes eben „dick". Allzu groß ist die Holzfigur zwar nicht,
aber der durchschnittliche Wuchs von ägyptischen Heiligen
ist uns ja auch nicht so geläufig.

Als Nothelfer mit nur dreizehn Kollegen hatte Antonius schon
immer alle Hände voll zu tun: Er bewahrte die Bauern vor
Übeln der Haut und das Vieh in den Wäldern vor Schaden.
Heute paßt er auf die Autofahrer auf und im Winter auf die
Skilangläufer, die ihm reichlich Kerzen opfern.

In der Biegung der Straße, noch vor der Kapelle, führt ein
Wanderweg senkrecht in den Wald („A 1", auch „A 6" und
„3"); hier machen wir uns auf den Rückweg.

Am Ende einer kleinen Tannenschonung gabelt sich der
Weg, wir folgen nun der „3" allein nach halblinks. Der Weg
ist anfangs schmaler, aber die Zeichen sind deutlich genug.
Bei einer weißen Eisenschranke stößt von rechts der „A 6"
wieder zu uns.

Nach einem halben Kilometer kommen wir zum Wald hinaus,
links vor uns, hinter der Wiese, liegt die Schutzhütte, die wir
schon kennen. Wir bleiben jetzt zunächst am Waldrand auf
unmarkierten Wegen, in Höhe der Hütte knickt der Weg ein
wenig nach rechts, folgt dabei weiter dem Waldrand. Bald
kommen wir noch einmal in den Wald, dann öffnet sich eine

Rundblick bis zum Kölner Dom: Aussichtsplattform

Waldwiese vor uns, und bei dem Hochsitz an der Ecke machen wir im spitzen Winkel kehrt nach links und wandern nun sacht bergab. Rechts liegt ein Tal unter uns, links haben wir hinter einem Wildzaun wieder Wald. Bald steigt der Weg wieder an, und dann sehen wir schon vor uns, aber weit entfernt, die Autos vom Parkplatz „Bleielsnück". Der Wald endet links, und nach etwa fünfzig Metern steigen wir auf einem breiten Weg nach rechts bergauf. Gleich hinter dem Waldrand sind wir wieder auf markiertem Weg: Wir folgen dem „A 2" nun geradeaus, kommen durch den Wald hindurch und stehen dann am Fuß des Rodelhangs. Väter halten ihren Nachwuchs auf großen Hörnerschlitten beisammen, Kinder flitzen mit roten Plastikrutschen zwischendurch, einer wuchtet einen prallen Autoreifenschlauch den Hang hinauf.
Wir wenden uns rechts, nehmen nicht den Weg gleich am Waldrand entlang, sondern den nächsten, umrunden die Weide, steigen dann nicht zur Straße hinauf, sondern folgen einem kleinen Tannenstück nach rechts um einen tiefen Taleinschnitt herum und kommen schließlich geradewegs auf Mahlberg zu. Noch vor dem ersten Haus am Dorfrand steigen wir dann links hinauf zum Parkplatz.
Noch ist es hell, und deshalb machen wir uns auf, den

Schlüssel für die Michelsbergkapelle zu bekommen. Was wir so an Hinweisen gelesen haben, ob gedruckt oder in Holz geschnitzt, ist durchweg falsch. Wir fragen uns durch den Ort hindurch und finden schließlich am anderen Ende des Dorfes, links bei der Kirche, den Schlüsselbewahrer. Johann Haag versieht das Amt nun schon seit Jahren, inzwischen ist er 74 Jahre alt, aber Sonntag für Sonntag noch immer in seiner Kapelle. Obwohl er sich schon auf den Abend eingerichtet hat, nimmt er noch einmal die Jacke vom Haken und steigt mit uns hinauf. Gotische Wandmalereien gibt es im Innern, St. Michael auf dem barocken Altar und zu seinen Füßen den bekannten Drachen. Berühmt ist der Rundblick vom Turm; den Kölner Dom, bestätigt Johann Haag, kann man mit bloßem Auge sehen, aber dafür müssen wir noch einmal wiederkommen.

Zum Michelsberg bei Bad Münstereifel

Weglänge: ca. 10 km

Anfahrt:
A 1 bis Bad Münstereifel, von Münstereifel B 51 über Schönau bis Abzweigung Mahlberg, dort am Ortsende links (Richtung Rheinbach), nach etwa 150 m links Wanderparkplatz.

Wanderkarte:
L 5506 Bad Münstereifel oder Bad Münstereifel 1:25 000

Wanderweg:
Vom Parkplatz zur Einmündung der „Michelsberger Straße" in die „Römerstraße", hier links „A 2, 5": Michelsberg", durch Kehre bergauf, am Wanderparkplatz „Engelsbergweg" vor Waldstück und Wegetafel links: Kreuzweg, Aussichtspunkt, Kapelle; neben der Grablegung Abstieg, bei der achten Kreuzwegstation und Schranke am Waldrand „A 5", dann bei der Bank nach Norden „A 2, 5": Parkplatz „Bleielsnück", weiter Richtung „Decke Tönnes" (Weg 3, Dreieck, auch „A 6"); an Schutzhütte vorüber durch den Wald zur Straße mit „Decke Tönnes" in der Straßenbiegung „A 1" zurück, dann Zeichen „3"; am Waldrand in Höhe der Hütte ① rechts Waldrand folgen, durch ein Stück Wald, an Waldwiese vorüber, bei Hochsitz im spitzen Winkel Kehre nach links; 50 m hinter Waldende links rechts breiter Weg ②, später „A 2"; unten Bacheinschnitt umwandern ③, vor dem ersten Haus am Dorfrand Aufstieg links zum Parkplatz.

Herr Johann Haag ist wenige Monate nach dem ersten Erscheinen dieser Tippeltour überraschend verstorben; den Schlüssel verwahrt nun Herr Paul Manheller in Mahlberg-Kopnück (von der Talstraße aus eine Abzweigung hinter der nach Mahlberg rechts ④, dann erstes Haus auf der linken Seite); die Kapelle ist weiterhin geöffnet sonntags ab 13 Uhr, für Auskünfte und Gruppenanmeldungen: 0 22 57/71 88.
Wer nur rodeln möchte, sollte gleich den Parkplatz „Bleielsnück" ansteuern.

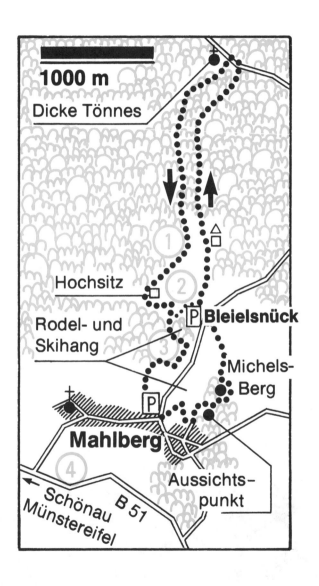

Tippeltour 18:

Ins Ländchen der Töpfer

Was man braucht, ist Kaolinit, Feldspat, Kalkspat, Quarz und Glimmer im richtigen Verhältnis. Manchmal findet man es mit dem Spaten. Setzt man diesem mineralischen Gemisch noch Wasser bei, so wird es formbar; und wenn man das Geformte dann im Ofen brennt bei über tausend Grad, wird es wasserdicht und hart – ideal für Kannen, Krüge, Humpen, Tiegel, Töpfe, Teller.

Ganz einfach eigentlich – man mußte nur einmal dahinterkommen. Die Chinesen waren, wie so oft, die ersten, bei uns mußte erst das Mittelalter vorübergehen, ehe man statt Gold und Silber, Zinn oder Holz das neue Steinzeug auf die Tische brachte.

Wo sich der Ton, aus dem man Kannen backen konnte, reichlich fand, da bildete sich im sechzehnten Jahrhundert schnell ein neuer Erwerbszweig, der dem ganzen Land den Namen geben konnte wie im „Kannenbäcker Ländchen" zwischen Höhr-Grenzhausen und Montabaur.

Nach 1741 siedelten sich Töpfer aus dem Westerwald im

Rheinland an, in Adendorf bei Meckenheim, wo ein wertvoller weißlich-blauer Ton gegraben werden konnte, und brachten ihre Kannenbäckerkunst auch hier zur Blüte. Die Gegend wurde aber nicht mehr umgetauft, sie hieß auch weiterhin das „Drachenfelser Ländchen", nur Adendorf kam dabei an den Kosenamen „Töpferdorf" – unser Ziel für heute.

Wir nehmen am Parkplatz den harten Sandweg rechts neben dem Reitweg und folgen ihm ziemlich genau nach Norden. Als wäre ein Lineal von anderthalb Kilometern Länge mitten in den Kottenforst gefallen: so verläuft unser Weg zwischen Fichten und jungem Stangenwald. Wir passieren eine Kreuzung mit einer Ruhebank, doch erst „am großen Stern", wo wir bei einer Wegespinne auf einen Teerweg stoßen, halten wir uns rechts (schwarzer Winkel des Wanderwegs „10").

Noch einmal geht es beinahe tausend Meter geradeaus, dann erreichen wir bei Villiprott den Waldrand. Hier hat um 1730 der Kurfürst Clemens August einem seiner Förster einen schönen Hof spendiert, der auch heute noch ein Forsthaus und ein Schmuckstück ist und noch immer nach dem Förster Johann Hubert Schönewald den Namen trägt.

Wir bleiben hier am Waldrand und folgen nun dem schwarzen Dreieck des Wanderwegs „1" über den Wanderparkplatz hinweg südwärts. Bei dem Grundstück mit der weißen Mauer

Schloß Adendorf

müssen wir ein wenig nach links, in den Ort hinein, behalten
die Richtung aber bei, und auch unser Zeichen.
Fern über Villip mit der weißen Kirche und dem Mühlenturm
taucht am Horizont die Radarkugel von Werthoven auf. Wir
bleiben am Waldrand, kommen am Wanderparkplatz „Bek-

kerskreuz'' und am Sportplatz vorüber und erreichen
schließlich die Landstraße; ihr folgen wir für rund zweihundert Meter in Richtung Villip. Schon in der Kurve gegenüber
dem „Reitercasino'' verlassen wir hinter der Einbuchtung die
Straße nach rechts und steigen durch den Hohlweg talwärts.
Durch das frische Laub der Bäume schimmert schon Burg
Gudenau. An der Straße halten wir uns rechts, werfen einen
Blick auf das Torhaus von Gudenau, wo seit 1562 ein Schwan
sich wacker gegen einen Drachen hält, dann steigen wir
gegenüber hinauf in Richtung Villip, noch immer dem
schwarzen Dreieck auf der Spur.
Ehe wir den Ort erreichen, nehmen wir die Straße „An der
Windmühle'', die uns im Bogen schnell zur alten Gudenauer
Mühle bringt. Statt Gemahlenem gibt es hier heute nur
Gemaltes, der Müller ist inzwischen Galerist geworden.
Unser Weg führt uns an dem massigen Turm vorüber, durch
das Viereck der Wirtschaftsgebäude hindurch und gleich
wieder hinaus. Nußbäume begleiten uns ein Stück auf dem
Weg zwischen dem oberen Rand der sachten Böschung und
den letzten Häusern von Villip. Nach wenigen hundert
Metern stoßen wir auf eine Straße, hier verlassen wir den
gekennzeichneten Weg und halten uns bei THIEL HVFFE-

RATHs Wegkreuz von 1696 rechts und bergab. Unten schwenkt der Weg noch einmal nach rechts und folgt einem kleinen Bachlauf zurück bis unterhalb der Mühle.

Die Wasserburg in hellem Ocker liegt nun vor uns. Bei der Brücke halten wir uns links, folgen der Straße an der Gudenauer Mauer bis zur Toreinfahrt, und da kein Hinweis uns am Eintritt hindert, spazieren wir hindurch und bis zum Wassergraben.

Die Burg stammt aus dem frühen 13. Jahrhundert. 1402 kam sie als Lehen an den Burggrafen Godart von Drachenfels, der dabei auch den Namen für das „Ländchen" vom rechten Rheinufer herüberbrachte. Heute ist Gudenau Privatbesitz und in seiner barocken Pracht mitsamt dem Park allein von außen zu bestaunen.

Wir wandern zur Straße zurück, halten uns rechts und beim Wegkreuz von 1815 gleich wieder rechts. Die Mauer von Gudenau ist nur halbhoch, so daß wir auch beim Weg durch die Felder noch schöne Blicke haben.

Wir kommen an einem Holzkreuz vorüber und folgen dann, noch vor dem Hochsitz am Ackerrand, dem Weg über den Arzdorfer Bach. Am anderen Ufer sind wir schon im Wald, wir behalten die Richtung des Wegstücks vom rechten Ufer bei, nehmen nicht den breiteren Weg nach rechts, sondern steigen halblinks in dem schmalen Hohlweg ein Stück hinauf.

Der Wald ist anfangs dunkel, dann wird er licht, der Weg wird breiter. Rechts beginnt bald ein Fichtenstück, links liegt nicht weit entfernt der Waldrand. Ein Stück geht es noch

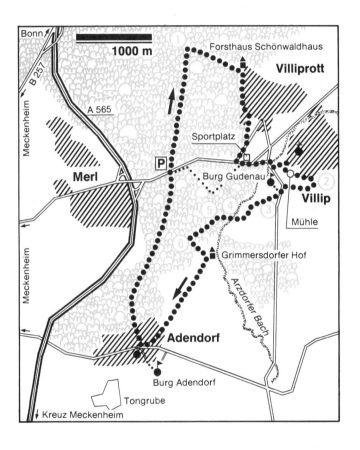

Bonn

B 257

Meckenheim

A 565

Merl

P

Meckenheim

Meckenheim

Kreuz Meckenheim

① Forsthaus Schönwaldhaus

Villiprott

Sportplatz

Burg Gudenau

Villip

②

Mühle

⑤ ④ ③

⑥

Grimmersdorfer Hof

Arzdorfer Bach

Adendorf

Burg Adendorf

Tongrube

1000 m

Tippeltour 19:

Ins Land der Weber

Sich regen bringt Segen. Und was gehört zum Handwerk? Klappern. In Rupperath bei Münstereifel hat der Volksmund recht behalten: Hier klappern Webstühle den ganzen Tag, und weil auch in der Eifel doppelt genäht noch immer besser hält, klappert man in Rupperath auch mit dem Namen. „Handweberdorf Rupperath" heißt das unscheinbare Höhendorf mit dem halben Tausend Seelen nun seit Jahren. Da nimmt man schon einmal den Fuß vom Gaspedal, um nachzusehen, was es mit dem Handwerk auf sich hat, und viele kommen eigens angereist von weitem und tragen dann den Ruhm von Rupperath als Aufkleber am Autoheck von dannen.

Die Spinnstubenromantik aus verklärten Zeiten sucht man allerdings vergebens: Erst nach 1957 wurde hier das Spinnen familiär. Nostalgie ist also fehl am Platz, und was es schon an Tradition gibt, das kann man noch vor Ort zurückverfolgen bis zum Anfang. Damals fand der Dorfschulmeister Robert Esser auf dem Speicher seiner alten Schule einen Webstuhl, setzte ihn im Klassenraum zusammen und brachte ihn am Ende auch in Gang.

Der Anfang mochte noch ein Zufall sein; Webstühle mögen auch schon andere gefunden haben. Die aber haben sie vielleicht verheizt oder in die Stadt gebracht zum Trödler. Erst ein Einfall machte Rupperath zum Weberdorf: Esser setzte Weben auf den Stundenplan, ein Bauer fand sich, der noch spinnen konnte, und endlich tat man sich zusammen zur Genossenschaft, zur „Werkgemeinschaft Rupperath" mit Werkstatt, Laden und Museum.

Was das karge Ackerland der Eifelhöhen seinen Anwohnern versagte, konnte durch den Aufschwung aus dem neu entdeckten Handwerk ausgeglichen werden.

Robert Esser führt uns durch die Räume seiner alten Schule, wo die Werkgemeinschaft heute ihren Platz hat, den Altbau von 1907 und den Neubau, den er selber mitgebaut hat. Schüler gibt es hier schon lange nicht mehr, die müssen, wie er uns erklärt, „nach Mutscheid in die Mammutschule". Esser ist inzwischen pensioniert, aber in den alten Klassen-

räumen hat er immer noch buchstäblich alle Fäden in der Hand. Die Zigarre, die ihm einst erst nach der Schulstunde vergönnt war, hängt ihm nun wie angewachsen an den Lippen.

Ein wenig oberhalb der Werkgemeinschaft, gegenüber dem „Pastorenpfad", liegt der Parkplatz bei der Kirche. Hier beginnen wir den Rundweg.

Wir wandern auf dem „Rupperather Ring" an der neuromanischen St.-Petrus-Kirche zwischen den Kastanien vorüber, folgen dann der Ringstraße nach links, bis wir an der Kreuzung mit dem „Harscheider Weg" das Dorf über den „Wenzburger Weg" verlassen („A 2", „A 3"). In den Feldern knickt der Weg nach rechts, dann verläßt uns der „A 2" nach links. Ringsum staffeln sich die Eifelhöhen in der Sonne, bis sie sich im Dunst verlieren. Wir folgen weiter dem „A 3" bis zum Hochsitz vor dem Wald. Vor uns haben wir nur Bäume, aber als wir ein paar Sprossen auf den Hochsitz steigen, können wir im Tal halblinks den Turm der Wenzburg sehen.

Wir wandern weiter in den Wald mit jungen Fichten rechts und Lärchen auf der linken Seite. Wenig später kommen wir in hohen Kiefernwald, und hier, wo sich der „A 3" in scharfem Rechtsknick um den Berg herumdreht und nach Rupperath zurückführt, verlassen wir in der Kurve den markierten Rundweg und nehmen halblinks den flachen Hohlweg, der zwischen Kiefern und einem Stück Eichenwald auf dem Rücken des Buckels weiter bergab führt.

Bald kommen wir nach links an eine Böschung über einer Lichtung und schauen auf das schöne Bachtal, durch das uns später unser Weg noch führen soll; dann schwenkt der Weg nach rechts und führt uns zügig bergab, bis wir im Tal vor einem kleinen Bachlauf stehen.

Hier folgen wir dem Wanderweg „2 a" nach links (schwarzes Dreieck). Wir kreuzen das Bächlein, das satte Grün des Tals begleitet uns nun links des Wegs, wo wir nach wenigen Metern dann wieder die Wenzburg entdecken. Vor kurzem lag sie noch um hundert Meter unter uns, jetzt, im Tal, erhebt sie sich fast fünfzig Meter über unserem Weg.

Noch einmal kommt eine Buschgruppe vom Wasser an den Weg heran, dann öffnet sich das Tal, weil hier der Siefen in den Liersbach mündet. Hier verlassen wir den Weg ‚2 a" und steigen nach links auf einer Fahrspur hinab ins breite Tal, wo uns Kastanien ein Stück begleiten.

Noch vor dem Liersbach, den wir in den Wiesen ahnen, überqueren wir das kleine Bächlein, dem wir ein paar hundert Meter weit gefolgt sind, und wenden uns dann gleich nach links, wo der Weg zwischen der Ebene des Tals und dem Fuß des Bergs verläuft. Nur einen knappen Viertelkilometer haben wir noch Zeit, um zu entscheiden, ob wir einen Abstecher zur Burgruine unternehmen sollen, dann gabelt sich der Weg, die Würfel sind gefallen, wir steigen hinauf. So halten wir uns rechts, wo später unser Weg im Tal verläuft, kommen in der Böschung sacht hinauf, bis nach der gleichen Strecke wiederum ein Weg nach rechts und also auch nach oben strebt (Zeichen „WB" an der Fichte), nun aber ohne Kompromisse, bis er oben in der Böschung abermals nach rechts schwenkt und uns Ruhe zum Verschnaufen gönnt. Wo wir den Grat des Bergrückens erreichen, verlassen wir den Weg im Scheitelpunkt der Kurve nach rechts, als sollte es schon wieder talwärts gehen, und erreichen über einen schmalen Pfad das brüchige Gemäuer und den noch immer massigen Turm. Wer einst, in alten Zeiten, sich hier eingerichtet hatte, der war so leicht gewiß nicht auszuheben; doch mit dem Fortschritt der Geschütze wurden auch die Ritterburgen überflüssig; seit 1823 liegt die Wenzburg unbrauchbar in Trümmern.

Wie wir gekommen sind, so steigen wir nun auch hinab und folgen dann dem Weg durchs Wiesental nach rechts, haben dabei lange Zeit den Bach zur Linken mit einem Erlenhain, der Schatten spendet.

Die erste Möglichkeit, nach einer Viertelstunde den Wasserlauf zu überqueren, lassen wir noch vorübergehen; nach zwei-, dreihundert Metern aber nehmen wir den nächsten Weg nach links, überqueren nun den Bach und steigen im Tal eines kleineren Siefens bergauf, vorbei an Binsen- und Weidengebüsch, an Buchen- und an Fichtenwald.

Zweimal wechselt unser Weg die Ufer des Bächleins, das sich tief in den Boden gekerbt hat, dann gabelt sich der Weg. Wir wandern weiter geradeaus, haben dabei weiterhin die hohen Kiefern neben uns.

Vor uns liegt nun auf der Höhe, die wir bald entdecken, Hünkhoven mit seinen letzten Häusern. Noch immer steigen wir bergan. Am Rand der freien Weidefläche nehmen wir den Querweg an der Böschung nach links, drehen uns dann zügig mit dem Weg um die Wiese und stoßen schließlich auf den Weg „A 1". Links ginge es nach Rupperath. Wir wandern weiter geradeaus auf dem nun befestigten Weg bis nach Hünkhoven.

Dort halten wir uns auf der Straße rechts und gehen gegenüber, gleich hinter der Bushaltestelle und noch vor dem wohnlich renovierten Fachwerkbau, nach links, schnurgerade in die Felder und zum Dorf hinaus. Für mehr als einen Kilometer folgt nun der „A 1" dem Waldrand, bis uns ein Stichweg im spitzen Winkel nach links zum Aussichtspunkt „An dem Gericht" bringt. Lange machen wir nicht Rast bei der hölzernen Hütte, wir kommen zurück zum Teerweg, folgen dem „A 1" durch die Biegung und wandern dann, am Sportplatz vorüber, hinunter zur Straße, halten uns hier links und am kleinen Weiher rechts bis in den Ort hinein.

Robert Esser pafft noch immer weiße Wölkchen. Neue Besucher sind gekommen und durchmustern nun den Laden. Die Decken und die bunten Paramente aus der Rupperather Werkstatt haben wir schon vor der Tippeltour besichtigt. Jetzt sind wir nur noch froh darüber, daß es neben allem Kunstgewerbe hier auch was zu essen und zu trinken gibt.

Von Rupperath zur Ruine Wenzburg

Weglänge: ca. 9 km

Anfahrt:
über Bad Münstereifel, Talstraße über Schönau in Richtung
Schuld, dann links hinauf nach Rupperath; Parkgelegenheiten an der Kirche und bei den Häusern der Werkgemeinschaft.

Wanderkarte:
Bad Münstereifel 1:25 000 oder L 5506 Bad Münstereifel

Wanderweg:
Vom „Pastorenpfad" auf dem „Rupperather Ring" an Kirchen vorüber, an Kreuzung „Harscheider Weg" rechts Wenzburger Weg" („A 2, 3"); „A 2" knickt links ①, weiter „A 3" an
Hochsitz vorüber und in den Wald, bei scharfem Rechtsknick
② „A 3" verlassen und geradeaus weiter auf flachem Hohlweg bergab; Weg schwenkt um Berg herum, unten Bachtal
③; Wanderweg 2 a (Dreieck) links; wo Tal sich verbreitert ④,
Weg nach links verlassen (Kastanien), Bach überqueren und
wieder links ⑤; rechts bald Aufstieg zur Wenzburg (Weg
„WB"); unmarkiertem Weg durch Wiesental folgen, auf zweiter Brücke Bach überqueren ⑥, im Siefental bergauf bis zum
Rand der Weideflächen ⑦, hier links und auf „A 1" nach
Hünkhoven; Straße rechtsversetzt kreuzen, hinter Bushaltestelle links, „A 1" am Waldrand entlang bis zum Aussichtspunkt „An dem Gericht" mit Hütte, auf Teerweg zurück in
den Ort („A 1").

Die Räume der Werkgemeinschaft sind täglich von 10–18 Uhr
geöffnet. Hier wird auch Unterricht im Spinnen und im Weben
angeboten. Der Unterricht ist täglich möglich und kostet pro
Tag 10 Mark. In Rupperath empfiehlt man eine Woche. Aus-
kunft: Telefon 0 22 57/71 11.

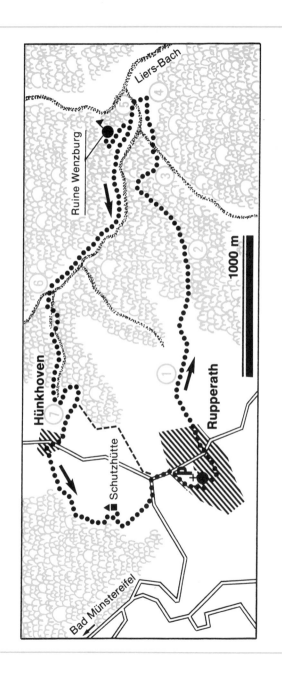

Tippeltour 20:

Von Römern keine Spur mehr

Vermutlich wußte das ums Jahr 200 jedes Schulkind: Cäsar hatte die Eburonen vernichtet, und seither herrschte bis zum Rhein der Friede Roms, die pax romana, und damit das weiterhin so blieb, standen überall Soldaten an den Grenzen. Die werden allerdings von ihrem Auftrag nur noch eine ungefähre Vorstellung besessen haben: Schließlich lag die Eburonenschlacht schon rund ein Vierteljahrtausend zurück, der Kaiser in Rom war auch kein Cäsar mehr mit einem Charisma, sondern irgendein Mann aus Afrika, von dem man allenfalls den Namen wußte, Septimius Severus, und schließlich waren die Grenzwächter in der Provinz überwiegend selber Germanen, etwa Söldner der sechsten Legion.

Für einen echten Römer war das neblige Gallia Belgica sicher nicht die nobelste Adresse, und im Flecken Tolliatium hätte er vermutlich weit eher den Winter als die Feinde gefürchtet.

Politik – die wurde anderswo gemacht, hier war bloß Provinz. Noch zwei Jahrhunderte hindurch blieb die Eifel römische Etappe, erst 406 verließen die Legionen den Rhein.

Wir bewegen uns auf historischem Boden, als wir uns dem Dörfchen Dollendorf nähern, dem alten Tolliatium. Von den römischen Besatzern ist kein Überrest mehr zu entdecken, nur ein paar Steine gab es hier und Münzen aus der späten Kaiserzeit – den Rest muß man sich denken.

Als wir aus dem Auto steigen, sprüht uns der Wind feines Eis ins Gesicht. Der Wind hat hier nach den Römern auch den Franken zugesetzt, um 1800 kurze Zeit dann den Franzosen, und nebenbei hat er den Turm von Sankt Johann Baptist zurechtgerückt. Hier wandern wir los.

Am „Maiplatz" kommen wir an der Kirche vorüber, dann nehmen wir die „Antoniusstraße" nach rechts; am Wegkreuz nach zweihundertfünfzig Metern folgen wir links dem „Amselweg", kreuzen am Dorfrand die „Roterbachstraße" und kommen zwischen Weiden schnell ins Tal und an den Bach heran. Hier wandern wir bachaufwärts. Nach gut zwei-

Mirbach

hundertfünfzig Metern kommt von rechts ein Teerweg von Dollendorf heran, ihm folgen wir weiter geradeaus; ein zweiter Weg verläßt uns bald nach links und in den Wald hinein, wir bleiben auf dem Teerweg, haben weiterhin das Bächlein neben uns und steigen dabei sacht bergauf.

Bei einer Fichtengruppe erreichen wir ein Wegekreuz, hier halten wir uns rechts, überqueren den Roten Bach und kommen auf dem Teerweg hügelan. Aus dem Tal jenseits des freien Buckels kommt Glockengeläut zu uns herüber. Oben stoßen wir auf einen asphaltierten Querweg, wenden uns ein Stück nach links und nehmen schon nach dreißig Metern den Ackerweg nach rechts, auf Mirbach zu, wo nun mit jedem Schritt der Turm der Mirbacher Kapelle aus dem dünn verschneiten Boden wächst.

Als wir das Dorf in der Senke ganz überblicken, haben wir einen Knick mit Büschen erreicht, der hier die Acker- und die Landesgrenze deutlich macht. Wir wandern rechts zur Chaussee hinunter, wenden uns nach links und sind in Rheinland-Pfalz. Über die „Burgstraße" kommen wir in den schmucklosen Flecken hinunter, über dem die stattliche Kapelle wacht.

Im Gasthaus von Johann Sons sind die Scheiben blind beschlagen, und dicke Tropfen rollen auf die Fensterbank hinunter; da wollen wir uns wärmen und warten, ob die Sonne doch noch kommt.

An zwei Tischen sitzen die Männer in blauer Kluft mit Rollkragenpullovern und hohen Gummistiefeln. Sie halten die kleinen Flaschen mit Bier in der Hand und nehmen auch beim Schlucken nicht die Hüte ab.

Auch wir bestellen uns ein Bier und, weil wir gerade dem Wacholder schon auf einem Straßenschild begegnet sind, zwei Doppelte vom Klaren. Und ob wir wohl auch etwas essen können, hier, wo doch niemand damit rechnet? Wir haben Glück: Die Wirtin hat ein wenig mehr gekocht, und also gibt es auch ein Mittagessen, Brennesseleintopf mit Mettwurst und Senf.

Die unverhoffte Köstlichkeit von lockerem Pürree ist leicht, bekömmlich und noch obendrein gesund, wie wir erfahren; und was die Zutaten betrifft, so hat die Wirtsfrau die von Hand verlesen – „aber da, wo die Hunde nicht hinkommen". Neben der Hoftür hängt ein altes Foto mit Datum („11. November 1903"), Gruß und Autogramm. Nach der Operettenuniform des Porträtierten könnte das der Kaiser sein, aber für die Bauern war er sicher mehr als bloß der ferne Kaiser: „Das ist der Freiherr von Mirbach", sagt der Mann am Nebentisch, „der hat die Kirche da gebaut" – und hinter der Kirche gleich eine Ruine, die wir beim Anmarsch entdecken.

Wir gehen durch die „Kapellenstraße" am Kirchhof vorüber und hinauf zur Kapelle. Neuromanisch ist der Stil, auch wohl griechisch-orthodox, manches eher griechisch-römisch und hier und da auch Freistil – da war dann jeder Griff erlaubt. Und so entdecken wir im Innern neben aller Pracht und kaiserlichen Initialen zwei Maikäfer in Stein dicht über den Kapitellen im Langhaus. Warum? Weil 1903, als die Kapelle hier erneuert wurde, ein Maikäferjahr war. Darum? Darum. Und weil der Bauherr seinen Dienst versah bei einem Regiment, das ebenfalls von diesen Käfern seinen Namen hatte.

Wir wandern wieder ein wenig zurück in den Ort, am Friedhof noch vorbei, dann wenden wir uns hinter dem Haus Nummer fünf nach links; wir folgen der „Schulstraße" bis hinunter zur Querstraße, wenden uns erneut nach links und dann, nach etwa einhundertfünfzig Metern, wieder nach rechts. Zwischen den Stallgebäuden riecht es warm nach Vieh; wir überqueren einen Bach und haben nun schon vor uns die

Hänge mit Wacholderkerzen. „Wacholderstraße" heißt die Straße, die wir überqueren, wir steigen weiter hügelan und lassen Mirbach hinter uns. Oben kommt von rechts ein zweiter Weg heran und dreht sich dann in spitzem Winkel rechts um den Eus-Berg herum. Wir folgen ihm und haben gleich den Ausläufer des bewaldeten Rückens zwischen uns und dem Dorf. Hier wandern wir jetzt immer geradeaus, links das freie Feld, rechts die Höhe mit Kiefern und Wacholder. Wir passieren einen Schuppen, wenig später einen Hochsitz zwischen Kiefern und kommen zügig voran durch das Schwarzental.

Bei einer Eiche, die alleine abseits auf der Wiese steht, stoßen wir schließlich auf einen Teerweg. Rechts haben wir nun wieder Dollendorf vor uns. Wir halten uns links, der Teerweg schwenkt ein wenig zurück und steigt dann leicht an.

Oben erreichen wir ein Wegekreuz; hier verlassen wir den asphaltierten Weg, wenden uns nach rechts und gehen geradewegs auf den Waldrand zu, wo das Naturschutzgebiet des Lampertstals beginnt. Der Buckel des Reinersbergs zur Linken ist wieder mit Kiefern und Wacholder bestanden, bald folgt ihm ein Weg, der uns nach links verläßt; wir wandern immer geradeaus, kreuzen einen querverlaufenden Teerweg und wandern wieder auf einen Kiefernwald zu.

Ehe der Weg am Waldrand nach links schwenkt und ehe der Dollendorfer Kirchturm hinter dem kahlen Homberg zur

Rechten verschwindet, nehmen wir rechts einen Wiesenpfad hinab auf den Fahrweg und erreichen ihn am Fuß des Hombergs, wo ein zweiter Teerweg mündet.

Unten wenden wir uns nach links, wandern durch das Birkental, bis wir nach sechshundert Metern wieder auf einen Teerweg stoßen.

Ihm folgen wir nach links ins Tal und nehmen dann in der Senke den ersten Fahrweg nach rechts, der uns an die Straße vor dem Wald heranbringt. Auf der Fahrstraße halten wir uns ein paar Meter rechts, schon nach etwa fünfzig Metern nehmen wir den Pfad jenseits der Straße, der auf der Grasnarbe dem Waldrand nach links und anfangs talwärts folgt.

Der Weg steigt in der Böschung dann stetig, aber sacht bergan, wir haben Kiefern neben uns und unter uns das Galgental mit der Straße.

Nach etwas mehr als einem halben Kilometer haben wir dann das Lampertstal erreicht. Der Weg schwenkt nach rechts und stößt auf einen breiteren, der längs des Baches durch das Wiesental verläuft. Ihm folgen wir nur etwa hundert Meter, dann, als ein Weg nach rechts in den Wald hinein führt, nehmen wir den als Weg ,,31'' markierten Pfad halbrechts die Böschung hinauf. Im gelben Gras setzen wir sorgsam Fuß vor Fuß und kommen so mit jedem Schritt bergauf, einsam zwischen Kiefern und Wacholder, bis wir endlich auf der freien Höhe stehen. Links liegt in Gelb und Schieferblau der Vellerhof.

Ein Abstecher bringt uns schnell hinüber zur Ruine von Burg Dollendorf. Die stand hier schon ums Jahr 900. Jetzt steht nur noch ein Stummel da zwischen den Mauern.

Wir wandern über den schwarzen Schotter zurück, vorüber an der Schutzhütte und der ersten Kreuzwegstation.

Seit 1554 herrschten hier die Herren von Manderscheid-Kall. Sie legten diesen Kreuzweg an, bauten die Kapelle vor uns auf der Höhe und erneuerten die Kirche 1732. Zehn Jahre später waren sie die Herrschaft los: Im ,,Dollendorfer Krieg'' von 1742 kam alles an den Graf von Blankenheim.

Vor dem sechsten Fußfall knickt der Weg nach links, führt auf den geteerten Fahrweg und dann geradewegs nach Dollendorf. Die rote achteckige Barockkapelle von 1701 ist dem heiligen Antonius von Padua geweiht. Besser als hier konnte nichts über Dollendorf liegen, und denken wir uns noch ein letztes Mal um eineinhalb Jahrtausende zurück, dann fällt es leicht, sich einen Tempel für Gott Mars hier vorzustellen.

Sicher kann man sich des Standorts nicht sein, aber Spuren
gab es immerhin; und wenn der Römer Lucius Macius Similis
auch vermutlich keinen Sinn für Landschaft hatte, so hatte er
doch ein Gespür für Wirkung, und wenn er schon den Tempel zahlen sollte, so wird er auch den Platz dafür gewiesen
haben: hier auf der Höhe, wo man hinüberschaut nach Rips-
dorf, das es damals freilich noch nicht gab, aber wo schon
damals ein römischer Bauer beim Pflügen seinen Ochsen
mit dem Stock vorantrieb.
Den Buckel über dem Tal haben dann die Ripuarier besie-
delt, da waren die Römer schon wieder zu Hause.

Rund um Dollendorf bei Blankenheim

Weglänge: gut 12 km

Anfahrt:
A 1 bis Blankenheim, dann entweder über Blankenheim und
B 258 durch das Ahrtal Richtung Nürburgring, vor Ahrhütte
rechts nach Dollendorf oder vom Autobahnende gleich Richtung Ahrhütte, dann links in Richtung Blankenheim und am
Ortsende links hinauf nach Dollendorf; Parkgelegenheiten
(kein Parkplatz) im Ort.

Wanderkarte:
Blankenheim/Oberes Ahrtal 1:25 000 oder L 5706 Adenau

Wanderweg:
Am „Maiplatz" an der Kirche vorüber, „Antoniusstraße" nach
rechts, nach 250 m „Amselweg" links, am Bach ① rechts, auf
Teerweg ② weiter bachaufwärts, bei Fichtengruppe ③ Bach
kreuzen und auf Teerweg hügelan, auf Querweg ④ links, 30
m weiter rechts, vor Büschen ⑤ rechts hinab und auf Chaussee und „Burgstraße" nach Mirbach; „Schulstraße" nach
Nordwest, auf Querstraße links, nach 150 m ⑥ rechts;
„Wacholderstraße" kreuzen, hinter „Eus-Berg" rechts ⑦
und Weg durch Schwarzental, nach mehr als 1 km bei Eiche
⑧ Teerweg links, am nächsten Wegekreuz ⑨ rechts, nach
750 m Teerweg ⑩ kreuzen, dann Weg rechts ⑪ hinab bis an
Hom-Berg heran, unten durch Birkental auf Teerweg links,
nach 600 m links und in der Senke ⑫ Fahrweg nach rechts
bis zur Straße; 50 m rechts, dann links Weg am Waldrand
durch Galgental ins Lampertstal, hier ⑬ breiterer Weg
rechts; nach ca. 100 m rechts Pfad 31 ⑭ bergauf, oben zur
Ruine, dann Schotterweg zurück, am sechsten Fußfall des
Kreuzwegs ⑮ links und auf Teerweg an Kapelle vorüber
zurück.

Der Steinbruch Höneberg im Lampertstal am Wanderparkplatz ist wie das ganze Gebiet Ziel vieler Fossiliensammler.

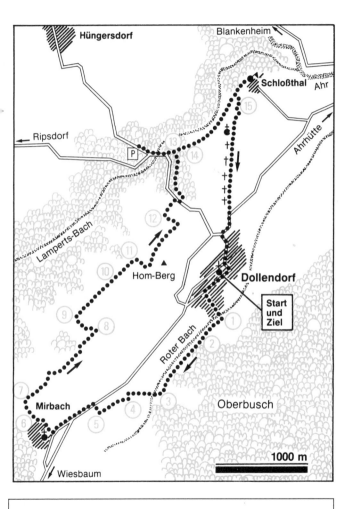

Die Landschaft bei Dollendorf ist durch eine Umgehungsstraße im Bereich des Roten Baches verändert worden; der Weg der Tippeltour 20 ist davon aber nicht betroffen.

Tippeltour 21:

Wo die Wunder Schlange stehen

Der Januar des Jahres 1826 war kalt wie meist, auf dem Rhein krachte das Eis, der Himmel hing grau über der Erpeler Ley, und es sah wohl mal wieder nach Regen aus. Da hätte so leicht niemand im Freien auf Reisende gewartet, aber als der Bürgermeister, der Vikar und ihr Begleiter sich Remagen von Bonn aus näherten, da wurden sie in Unkelstein bereits empfangen, und der Rest ihrer Fahrt war eher ein Triumphzug als eine Prozession. Fünf Tage lang waren die Männer unterwegs gewesen, um aus Düsseldorf das Haupt des heiligen Apollinaris zurückzuholen in die Mauern ihrer Stadt. Die kostbare Reliquie hatte die Franzosenzeit zunächst in Siegburg, dann am Niederrhein verbracht, jetzt kehrte sie zurück nach Hause.

Das freute – schien es – auch den Herrn im Himmel: Noch während des Te-Deum-laudamus brach die Sonne durch die Wolken. Hat da nicht einer laut gerufen: „Ein Wunder! Schon wieder ein Wunder!"?
Überliefert ist der Ausruf nicht, aber das kann auch daran gelegen haben, daß ein Ruf wie dieser selbstverständlich war und nur aus diesem Grund nicht aufgeschrieben wurde.

Ein Wunder hatte drei Jahrhunderte zuvor die heiligen Gebeine in die Stadt gebracht, da mochte man nun auch bei ihrer Rückkehr jeden unverhofften Sonnenstrahl für einen Fingerzeig des Himmels halten.

Aber was als „Wunder von Remagen" schließlich bekannt werden sollte, das geschah erst 119 Jahre später, und nicht hier oben, wo das Haupt des Märtyrers in seiner Grabeskirche liegt, sondern unten am Rhein, am Ostrand der Stadt: Am 7. März 1945 hätte die Eisenbahnbrücke von Remagen im Rhein versinken sollen, die Sprengung war vorbereitet, der Befehl schon gegeben, die Zündung ausgelöst. Aber die Brücke blieb stehen, zehn Tage lang, die Alliierten kamen auf das rechte Ufer, der Krieg war schon im Mai zu Ende, und mancher hat ihn deshalb überlebt – sollte der dann nicht vom „Wunder" reden dürfen?

Für den Anfang lassen wir die Wunder Schlange stehen und
beginnen unseren Weg am Apollinarisberg.
Vom Parkplatz wandern wir den „Philosophenweg" hinauf
zur Kirche und treten ein. Die hohen Wände sind ringsum
bemalt, kein gotisches Beiwerk lenkt ab von dem Haupt-
zweck dieser Architektur, freie Flächen zu schaffen für große
Fresko-Gemälde. In der Krypta finden wir den Sarkophag,
der in seinem Innern das seltene Reliquiar verbirgt.
Gegenüber der Kirche folgen wir dem Zeichen des Rheinhö-
henwegs („R") und steigen die Treppe hinauf bis zur Spitze
des Felsens, wo ein heiliger Franziskus segnend seine Hand
erhebt über das gotische Filigran. So hat Vincenz Statz den
Kölner Dom gemalt, als der noch gar nicht fertig war; und die
Ähnlichkeit der beiden ungleich großen Kirchen ist denn
auch kein Zufall: Der Graf Franz Egon von Fürstenberg-
Stammheim, der 1839 hier den Grundstein für die neue
Kirche legte, hatte sich dazu eigens aus Köln den Dombau-
meister Zwirner kommen lassen, und der hat von da gleich
die Kreuzblumen mitgebracht, wie jeder sehen kann, und
einiges mehr, zumindest im Kopf.
„Es wird, wenn es vollendet, ein Prachtwerk und eine der
schönsten Zierden am Rheinstrom werden", schrieb 1842
auch der Bürgermeister Queckenberg in seine Chronik, und
dasselbe dachten die GIs vom 39. US-Infanterie-Regiment

und knipsten sich gegenseitig für die Lieben in der Heimat.
Damals gab es auch noch nicht die Neubausiedlung gegenüber, bei der Waldburg.
Unser Weg am Zaun entlang ist wenig mehr als ein Pfad auf
Sand und dem Fels des Buckels. Nach einem Dreiviertelkilo-
meter stoßen wir im Wald auf die Straße und folgen ihr und
dem Rheinhöhenweg nach rechts. Hinter der Linkskehre
liegt dann rechts das „Waldschlößchen", zu früh für eine
Pause, aber nicht zu früh für jeden: Die Theke ist schon gut
besetzt am Nachmittag, und auch ein Eichkater mit Ruck-
sack findet sich im Schankraum.
Noch einen halben Kilometer folgen wir der „Birresdorfer
Straße", wo sie sich dann erstmals leicht verschwenkt, nehmen wir bei der rotweißen Eisenschranke den Wanderweg
nach rechts in den Wald (weiter „R"). Unser Weg ist mit
sandigem Kies bestreut und auch im Winter gut zu gehen.
Wo er sich gabelt vor einer Partie von mächtigen Buchen,
weist uns das „R" erneut den Weg, wir halten uns halbrechts
und wandern weiter.
Ein Franziskanermönch kommt aus dem Wald, Sandalen,
Seil und graue Socken, grüßt freundlich zurück und zieht
vorüber, talwärts nun auf dem Rheinhöhenweg.
Der Weg schwenkt nach links um den Hang herum, die
Böschung zur Rechten wird nun steiler, und wo sich der Weg
dann in einer Rechtskehre an den Hang anschmiegt, verläßt
uns der Weg „R" nach rechts und führt nun schnell hinab
nach Calmuth, dessen Häuser in der Senke schon zu sehen
sind.
Wir bleiben, um nicht zu schnell an Höhe zu verlieren, auf
dem breiteren Weg im Buchenwald und erreichen Calmuth
so erst bei den letzten Häusern. Hier stößt unser Weg in einer
Talsenke auf einen Querweg, wir gehen nach rechts hinüber
bis zu dem flachen weißen Haus mit roten Fensterrahmen,
wenden uns dann auf dem breiten Kiesweg nach links und
haben Calmuth hier schon wieder hinter uns gelassen.
Der Weg führt in einer Senke stetig bergan, dreht sich in
einer Serpentine höher und führt dann geradewegs auf ein
Wegkreuz zu. Hier, bei der kleinen Antonius-Kapelle, verlassen wir den bequemen Weg im Scheitelpunkt der Kurve und
steigen geradewegs rechts neben dem Wegkreuz den Hang
hinauf, wo wir schon die Straße sehen können.
Das kurze Stück im Buchenwald ist noch morastig vom
Winter und überdies ziemlich steil, aber dann stehen wir

doch oben an der Straße, am Ende der Leitplanke, und nehmen schräg gegenüber, gut zwanzig Meter neben den Obstbaumplantagen am Waldrand, den Weg in den Lärchenwald. Auch hier geht es weiter bergauf, immer geradeaus, und bald sehen wir hinter den verbliebenen Buchen links die Reste des Scheidskopfs. Wir bleiben auf unserem Weg und haben bald den aufgelassenen Steinbruch zur Linken.

Im Frühjahr 1855 hat ein Kölner Unternehmer hier das Steinebrechen angefangen, und sah auch mancher drunten in der Stadt das ganze Unterfangen noch mit scheelen Blicken an, weil es den einzig nennenswerten Berg im Stadtgebiet auf Dauer abzuräumen drohte, so war man doch stolz auf das Pflaster in den Gassen, für das der Basalt nun frank und frei geliefert wurde, zwanzig Schachtruten in jedem Jahr, die neue Straße nach Birresborn gar nicht gerechnet.

Der Weg in den Steinbruch ist mit dünnem Draht versperrt, und eine Buche liegt sperrig vor dem Eingang.

Der morastige Weg wird nun schmaler, wechselt von Stangengehölz in jungen Fichtenwald und führt uns so am Berg vorüber. Gelegentlich entdecken wir ein grünes Schild-Zeichen: „A 1".

Dann stehen wir vor hohem Fichtenwald, und gleich am ersten Stamm entdecken wir den schwarzen Keil des Eifelvereins: Der Wanderweg kommt von halblinks auf uns zu, wir wenden uns hier scharf nach links, bleiben im Unterholz und folgen nun dem neuen Zeichen. Nach etwa dreihundert Metern knickt der Weg im Buchenstangenwald erneut nach links, und auch noch später schwenkt er zweimal sacht nach links, ist dabei aber gut markiert und führt uns so nun wieder an die Halden des Scheidskopfs heran. Rund einen Kilometer sind wir nun dem neuen Wanderweg gefolgt, dann erreichen wir am Waldrand die dunkle Hütte „Am Scheidskopf". Rechts liegt im Tal das Dorf Kirchdaun, dahinter auf Stelzen die Autobahn.

Wir halten uns am Waldrand zunächst rechts und nehmen nach gut einhundert Metern bei einer zweiten Hütte den Weg nach links und hügelab in die Felder. Vor uns liegt nun dunkel die ebenmäßige Kuppe der Landskrone, in der Ferne im Dunst ein weiterer Gipfel mit einer Burg.

Ehe der Weg in den Feldern wieder ansteigt, halten wir uns rechts und folgen nun dem Ackerrain ins Dorf hinab. Hier gehen wir nach links zur „Scheidskopfstraße" hinüber und dann weiter hinunter ins Dorf. An der turmlosen Kirche von

St. Lambertus finden wir die Schule und die Feuerwehr, das
Gasthaus aber erst am Ausgang des Ortes.
Die Wirtin kommt aus Dortmund und ist seit einem Jahr
dabei, „hier Leben reinzubringen": Also hat sie eine Theken-
mannschaft ausgerufen und hat Trikots für sie erbettelt, und
gleich kommt der Fotograf und macht ein Bild von der neuen
Kluft, vor dem Spiel, versteht sich: alle in Rot, nur der
Torwart schwarz und gelb, denn schwarz und gelb ist die
Farbe von Dortmund. Vier Jahre will sie das noch machen mit
dem Leben auf dem Land, dann geht sie zurück ins Revier,
denn „hier ist ja nichts los".
Über die „Scheidskopfstraße" verlassen wir wieder den Ort
und folgen nun zunächst der Straße in Richtung Remagen.
Wieder taucht der Scheidskopf auf mit der gekerbten Kuppe,
dann die Hütte am Waldrand, der Wanderweg (schwarzer
Keil) kommt zu uns an die Straße heran und zweigt nach
hundert Metern wieder ab nach rechts, hinüber zum Koch-
Kreuz von 1713.
Da der Weg dort unten doch bald allzu morastig wird, bleiben
wir auch weiter auf der Straße. Die heißt „Am Paradies", und
das Paradies ist hier tatsächlich ein Garten, und auch noch

einer vor dem Sündenfall: Hier wird nur „biologisch" angebaut, statt der Spritze an der Wand hängt hier in jedem
Apfelbaum ein kleiner Blumentopf für Ohrenkneifer, die
nachts das Ungeziefer knacken. Wir folgen der Straße noch
durch den Linksknick, dann nehmen wir den Teerweg rechts
(Schild „Reitstall Hubertushof"). Der Fahrweg führt an Plan-
tagen vorüber und knickt dann nach sechshundert Metern
am Waldrand nach links ab.
Rechts haben wir nun Kiefernwald mit Lärchen, links Birken
neben der Straße. Am Ende des Waldes passieren wir das
Forsthaus Erlenbusch und kommen hinaus aufs freie Feld.
Gut einhundert Meter knickt der Fahrweg nach rechts und
führt als Birnbaumallee über die Ebene. Wir halten uns hier
weiter geradeaus und folgen für die nächsten anderthalb
Kilometer dem Blankerts Hohlweg, wo wir endlich in der
letzten Kehre wieder die Türme der Apollinariskirche entdecken.
Noch immer kommen die Besucher, um den Anblick wie den
Ausblick zu genießen. Wer etwa wegen der Reliquie gekommen ist, der muß sich mit den Postkarten begnügen.
Am Wasser drunten aber finden wir noch einen Ort, wo mit
Reliquien gehandelt wird. Der Turm der berühmten Luden-
dorff-Brücke beherbergt seit einiger Zeit ein „Friedensmuseum". Hier gibt es in fünf Stockwerken nicht viel zu sehen
außer Filmplakaten, Landserbildern, Zeitungsblättern; aber
dafür kann man etwas kaufen: einen daumengliedgroßen
Splitter von der Brücke, und garantiert echt in Kunstharz
eingegossen, und bei den vierzig Mark ist gleich ein Zertifikat
dabei, und das muß auch so sein, denn natürlich sehen die
kleinen Steine so aus, wie kleine Steine auszusehen pflegen:
klein und steinig eben. Echter sehen da schon die Quader
hinter der Brückenrampe aus, doch die sind viel zu groß, als
daß man sie nach Hause tragen könnte.
„Want to buy the Remagen Bridge?" fragte das US-Blatt
„Stars and Stripes" einmal seine Leser, und sollte einer da
schon nach dem Scheck gegriffen haben, so mußte er im
Kleingedruckten lesen, daß er die Brücke nur symbolisch
kaufen konnte, en detail gewissermaßen, was ausnahms-
weise mal dasselbe war. Selbst die Quader an der Rampe
gibt es nicht en bloc zu kaufen, die werden erst zerhackt und
dann verscherbelt, und zwar für den Frieden, wie es sich der
Bürgermeister ausgedacht hat. Und das ist noch das beste,
was man von der ganzen Sache sagen kann.

Von Remagen zum Scheidskopf

Weglänge: gut 12 km

Anfahrt:
Ab Bonn B 9, im Ort gegenüber der Pfarrkirche rechts den Berg hinauf zur Apollinariskirche, dort Parkplatz. Mit der Eisenbahn bis Remagen, dann auf B 9 rheinabwärts bis unter Apollinariskirche und Aufstieg.
Der Weg zum „Friedensmuseum" ist im Ort beschildert.

Wanderkarte:
Das Rheintal mit den Städten Remagen und Sinzig 1:25000

Wanderweg:
Von der Kirche Rheinhöhenweg „R" über Stufen hinauf, auf Felsbuckel an Straße heran, dort rechts, an „Waldschlößchen" vorüber, nach 500 m rechts in den Wald ①; Weg „R" beim Abstieg nach Calmuth nach links verlassen ②, den Ort bei den letzten Häusern berühren und links Kiesweg hinauf; an der Antonius-Kapelle ③ breiteren Weg verlassen und geradewegs den Hang hinauf, Straße kreuzen und an Scheidskopf vorüber („A 1"); am Fichtenwald auf Weg 1 (Winkel) scharf links ④, nach 300 m wieder Linksknick ⑤ und Winkel bis zur Hütte am Waldrand folgen ⑥; am Waldrand rechts und durch die Felder Abstecher nach Kirchdaun; über „Scheidskopfstraße" Ort verlassen ⑦ und auf Straße „Am Paradies" weiter, hinter Linksknick ⑧ rechts Teerweg (Schild „Reitstall Hubertushof"), nach 600 m links ⑨, am Forsthaus Erlenbusch vorüber und geradeaus durch Blankerts Hohlweg ⑩ zurück;
kürzer evtl.: bei Antonius-Kapelle ③ weiter Weg bergauf, auf der Straße links 100 m, dann rechts Richtung Kirchdaun und Abzweigung „Reitstall Hubertushof" folgen; evtl. auch von Scheidskopfstraße ⑦ Weg 1 (Winkel) nach rechts folgen, vorüber an Koch-Kreuz von 1713, über Querweg hinweg talwärts und nächsten Weg links nehmen, am Waldrand rechts und nach 100 m links bis zum Teerweg ⑨.

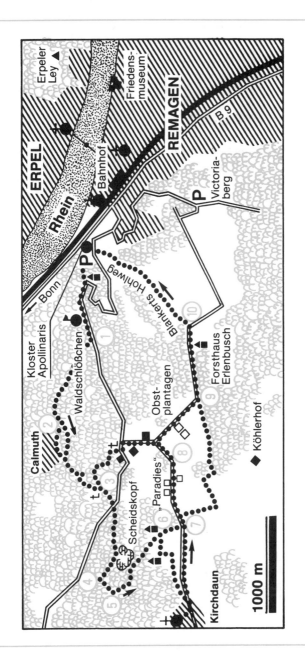

Tippeltour 22:

Zwischen Zahnstummeln und Zuckerhüten

Es hätte gar nicht viel gefehlt, und die Menschen hätten mit Hacke und Sprengstoff in Jahrhunderten erledigt, was die Natur mit Wind und Regen, Frost und Sommerhitze in Millionen von Jahren gerade nur begonnen hatte: die Einebnung des Siebengebirges. Die vulkanischen Kuppen der Berge am Rhein boten Trachyt, Latit und Basalt, aber das waren ja nur schöne Worte der Geologen für alles das, was man in Wirklichkeit hier holen konnte: Kreuze, Simse, Fensterbänke, Katzenköpfe, Bordsteinkanten, Türschwellen, Platten und Steine en gros et en detail, Uferböschungen am laufenden Meter und zerscherbelten Schotter für die neuen Eisenbahnen.

Vom Finkenberg in Beuel ist so nur der Name erhalten geblieben, der Berg ist verschwunden, und die übrigen wären es vielleicht schon ebenso, wenn nicht die Anrainer der Sieben Berge 1869 eigens einen Verein gegründet hätten, der das verhindern sollte. Und als sich dann gar ein Kölner Regierungspräsident an die Spitze der Protestbewegung stellte, mußten die Steinhauer stempeln gehen.

Am Parkplatz gegenüber dem alten Kloster Heisterbach nehmen wir den Rheinhöhenweg („R", hier auch „A 2") und lassen damit gleich das Kloster hinter uns. Schon am Waldrand verlassen wir den Weg „R" und halten uns bei der Eisenschranke rechts („A 2"), auf den Weilberg zu. Der Weg steigt unaufhörlich an, dann erreichen wir das erste Plateau am Weilberg und die Aussicht auf „Aussichten", wie es auf einem Hinweisstein heißt. Wir halten uns hier also im spitzen Winkel links, der Weg dreht sich ein wenig nach rechts in den Berg hinein, dann stehen wir vor seinem Inneren. Hinter einem Holzgeländer liegt der alte Steinbruch mit hohen Wänden von Basalt und einem Tümpel auf der Sohle, neben dem der Basalt in dicken Palisaden-Bündeln aus der Erde wächst. Am Holzgeländer entlang steigt der Weg weiter nach oben bis zu einem Plateau mit hölzernen Bänken und Tischen. Hier oben, wo man die Abbau-Ruine des Weilbergs noch zu

Füßen hat, wurde das Siebengebirge am 15. 10. 1971 in den Adelsstand der Landschaften Europas erhoben: Mit einem Europa-Diplom wurde aus dem gewöhnlichen Mittelgebirge ein Dipl.-Gebirge. Die Berge der Umgebung sind da sicher grün vor Neid geworden, die waren wahrscheinlich nicht einmal graduiert.

Nach Süden steigen wir wieder hinunter bis zum Rundweg um den Weilberg, wir folgen aber nicht diesem Weg („A 3") nach Heisterbacherrott, sondern halten uns weiter südlich, am dunklen Tannenwald entlang. Im Laubwald zur Linken haben wir gleich noch einmal einen kleinen Steinbruch, dann erreichen wir den Wanderparkplatz „Weilberg" an der Straße. Hier gehen wir ein Stück nach rechts bis zum Parkplatz „Im Mantel" auf der gegenüberliegenden Seite (Hinweisschild zur „Rosenau") und nehmen dann den Teerweg in den Wald („A 2").

Wo unser Weg auf den „Oberförster-Ringkloff-Weg" stößt, folgen wir dem „A 2" nach links auf den „Stenzelberg-Rundweg". Es geht zunächst in einer Spitzkehre zurück, bei der Schranke wird der Weg schmal und dreht sich dann in leichter Rechtsbiegung um den Stenzelberg herum. Die Wintersonne streift nur die Gipfel über uns, als wir im Schatten des Berges wandern. Hier endet zur Linken das Siebengebirge, unter uns liegt die Ebene mit Heisterbacherrott und Gärten bis an den Weg heran. Schließlich gabelt sich unser Weg: Geradeaus führt er schnurstracks auf den Ölberg zu, wir steigen rechts zum Stenzelberg hinauf. Rechts gibt es Gassen und Durchlässe im Fels, die in das Innere des alten Steinbruchs führen, der dort liegt, wo der Stenzelberg vor Jahren seine Spitze hatte, wie doch jeder Berg sie hat.

Wir berühren einen alten Sportplatz mit windschiefen Fußballtoren in Höhe seiner Eckfahne im Norden und verlassen ihn gleich wieder nach rechts und durch ein Felsentor hindurch. Rechts stehen noch ein paar helle Wände mit trockenen Kiefern dazwischen.

Wo früher der Gipfel war, liegt heute ein Grillplatz, und von hier aus steigen wir ein wenig in den Felsen herum, die damals nicht abgeräumt wurden. Einschlüsse von Quarz-Latit im Gestein waren industriell nicht zu verwerten, sie blieben als „Umläufer" stehen inmitten des Steinbruchs, bizarre Formen zwischen Zahnstummel und Zuckerhut mit Ösen in der Seite für die Alpinisten, die hier üben.

Palisaden aus Basalt: Weilberg

Dann folgen wir weiter dem Weg, der uns hergeführt hat, am
Grillplatz vorüber nach Süden und durch Kiefernwald
bergab. Wenig später wird es wieder licht, und wir erreichen
das Einkehrhaus „Waidmannsruh", malerisch im Wald gelegen. Eine Reitergruppe hat hier Rast gemacht. Während die

Petersberg

Pferde dampfend unter den Bäumen warten, lassen die Reiter ihren Flachmann kreisen, dann geht es weiter, jetzt aber zu Fuß, denn die Kinder frieren an den Zehen.

Ein Tisch wird drinnen gerade frei wie auf Bestellung, und so gönnen wir uns eine Rast, einen Imbiß und einen Schoppen Wein. Im Flur studieren wir die braunen Fotos zur Geschichte der Herberge im Wald, dann wandern wir weiter.

Von der Wegspinne aus folgen wir dem Rheinhöhenweg („R") nach Westen, rund zwanzig Meter hinter der Kreuzung steigt unser Weg „R" als schmaler Pfad links durch den Tannenwald bergan. Bald verläßt uns ein Rundweg („A 5") nach links, wir bleiben am Hang im Schatten des Berges, bis unser Weg bei einer Bank schließlich kehrtmacht und im raschelnden Laub weiter hinaufführt.

Ein Ausblick wie gemalt belohnt uns für den Aufstieg, eingerahmt zwischen glatten Stämmen liegen der Lohrberg und die Kuppe der Löwenburg über dem Tal. Auf dem schmalen Rücken des Berges wandern wir weiter, vorüber an der Spoelgenhütte mit freiem Blick auf den Drachenfels, dann geht es wieder in langen Kehren bergab, diesmal aber auf der Sonnenseite.

Unten stoßen wir bei einem Hinweisstein auf einen breiteren Weg, folgen hier noch ein Stück dem Weg „R" bergab bis zu

einer Schutzhütte mit spitzem Hut und nehmen dann den „A 4" nach links zum Petersberg.

Bald wird der Weg schmaler, schwenkt bei einem Hochsitz in den Nadelwald, verbreitert sich erneut und führt nun oberhalb der Autostraße ebenfalls in langen Serpentinen in die Höhe.

Irgendwo hier unter uns muß Leonid Breschnew ein nagelneues Staatsgeschenk aus Stuttgart in die Büsche chauffiert haben, als er zu Besuch in Bonn war und im alten Petersberghotel logierte. Das massige Gebäude steht seither leer, die Terrasse ist mit Stacheldraht bewehrt, die Fenster sind fast blind mit Rolläden auf halber Höhe: ein Bild des Jammers, abermals bestimmt zur Bonner Staatsherberge.

Der graue Klotz ist nebenbei nicht der erste Profanbau, der hier oben zuschanden kam: Caesarius von Heisterbach wußte um 1220 von einem Schloß zu vermelden, das ein Kölner Erzbischof sich auf dem Berg errichten lassen wollte mit den Mitteln eines festgesetzten Wucherers. Doch unrecht Gut gedeiht nicht, der Bischof wurde vor der Bauabnahme abgesetzt, schließlich war der Berg nur Petrus vorbehalten, der hier seine Kapelle hatte. Die Grundfesten dieses Gemäuers sind erst neulich wieder ausgegraben worden, man findet sie zwischen Erdreich und trockenem Laub, wenn man vor der neuen Petruskapelle das kurze Stück zum Gipfel hinübergeht.

Wir wandern an dem grauen Klotz des Petersberg-Hotels vorüber, kommen zur Aussichtsplattform an der Nordwestecke über dem Rhein und beginnen hier den Abstieg. Wo die Mauerbrüstung endet, zehn Meter gut von der Ecke entfernt, beginnt bei einem Durchlaß ein Pfad, dem wir den Berg hinab folgen, halblinks und sachte zum Rhein hin zunächst, dann im Wald parallel zum Fluß. Im Laubwald mit Ilex am Boden, später durch ein Stück Fichten, geht es zügig bergab. Bei einem Querweg passieren wir die Überreste eines Kreuzes von 1773 und steigen noch immer bergab in Richtung Oberdollendorf. Erst beim nächsten Wegkreuz, das Meister Johannes Hindelang Becker zu Heisterbach hier 1724 hat errichten lassen, halten wir uns auf dem Querweg mit dem weißen Winkel rechts („A 4").

Hier entlang sind gewiß vor 800 Jahren auch die Mönche gezogen, denen ihr Kloster auf dem Petersberg, der damals allerdings noch Stromberg hieß, zu unwirtlich geworden war. Sie gaben die Gründung von 1134 rasch wieder auf und zogen 1192 endgültig ins Tal, wo im Winter Rosen blühten und am Wasser junge Buchen standen. Das mit den Rosen war ein Wunder anläßlich des Umzugs, die Buchen aber, oder, wie sie früher hießen, Heister, gibt es hier am Bach noch heute, und so nannten sie ihr Kloster denn auch „Heisterbach".

Über den Stenzelberg zum Petersberg

Weglänge: 9 km

Anfahrt:
A 59 bis Oberdollendorf, durch den Ort zum Kloster Heisterbach, dort Parkplatz gegenüber dem Kloster. Von Königswinter stündlich (sonntags halbstündlich) Busverbindung mit Linie 20 zum Kloster Heisterbach.

Wanderkarte:
Naturpark Siebengebirge / Pleiser Ländchen 1:25 000

Wanderweg:
Auf Rheinhöhenweg „R" Kloster verlassen, am Waldrand Weg „R" verlassen ① und rechts „A 2"; am Weilberg nach 500 m links („Aussichten") ② und durch Kehre Aufstieg; Abstieg nach Süden, Weg am Tannenwald entlang bis Wanderparkplatz „Weilberg"; Straße rechtsversetzt überqueren, an Parkplatz „Im Mantel" vorüber (Hinweis „Rosenau"), dann Teerweg in den Wald („A 2"); am „Oberförster-Ring-kloff-Weg" links „A 2" um den Stenzelberg ③; bei Gabelung ④ rechts an Sportplatz vorüber und wieder rechts durch ein Felsentor und über den Stenzelberg; Weg am Grillplatz weiter verfolgen, durch Kiefernwald bergab zum Einkehrhaus; hier „R" nach Westen (20 m hinter Wegekreuz links in die Böschung!) und durch Kehren hinauf zum Nonnenstomberg; Abstieg mit Weg „R" bis zur Schutzhütte, hier „A 4" nach links zum Petersberg (Weg neben der Fahrbahn); von dort Abstieg an der Nordwestecke der Aussichtsplattform, am Ende der Mauerbrüstung Pfad bergab; Querweg mit Kreuz von 1773 ⑤ passieren, beim nächsten Querweg mit Kreuz von 1724 rechts ⑥ „A 4" zurück.

Das Einkehrhaus „Waidmannsruh" (0 22 23/2 45 20) hat täglich geöffnet bis mindestens 18 Uhr, bei entsprechendem Wetter und Bedarf auch länger.

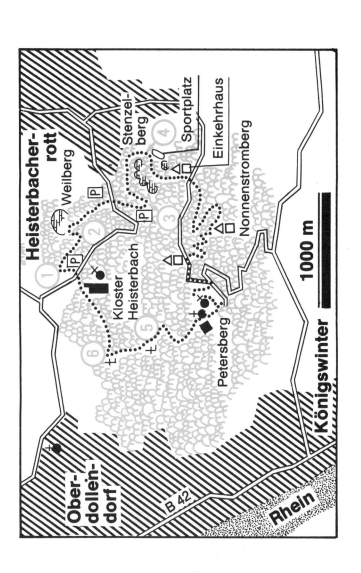

Tippeltour 23:

Zum Teufel in Blond

Drei Dinge brauchte einst der Christenmensch, wenn's ihn so richtig gruseln sollte: Das waren Ritter, Tod und Teufel. Der Ritter war beispielsweise ein Gottfried von Leuenberge, ein frommer Biedermann vom Rhein, der Menschen und auch Gottes Freund. Dem Tod war er in vielen Schlachten schon begegnet, und aus der ärgsten holte ihn der Teufel – ein goldgelockter, schlanker Knabe, wie es heißt, erlesen im Benehmen und in der Medizin aufs teuflischste bewandert: Der verband den Ritter, daß über Nacht die Wunden heilten, und bat ihn dann darum, in seine Dienste eingestellt zu werden. So kam es, und von Stund' an war der Leuenberger unbesiegbar. In jedem Streit stand ihm sein Knappe bei, die Übermacht der Feinde mochte wohl gewaltig sein, wer lebend von der Walstatt kam, war unser Ritter.

Wer wartet jetzt schon auf den Pferdefuß? Die Sage, meint man, muß doch einen Haken haben, es ginge sonst wohl mit dem Teufel zu! Verschwand der nicht am Ende mit des Löwenburgers Seele? So denkt man, aber nichts davon geschah: Der Teufel, heißt es, war ein guter Teufel, der war zufrieden, wenn er helfen durfte – und tat dies auch nach Kräften.

Also gab's ein Happy end? Hätte es gegeben, wenn da nicht des Ritters Beichtvater gewesen wäre. Dem schwammen schon die Felle weg, wie es noch keinem Gerber widerfahren war. Darum, als er herausgefunden hatte, daß sein Ritter einen Teufel im Gesinde hatte, beschwor er alle Pein der Hölle und hieß den Löwenburger seinen wundersamen Untertan entlassen; er mochte ihm auch sonst die ewige Verdammnis angeboten haben.

Folgsam, aber wund am Herzen, lebten alle bis ans Ende ihrer Tage: der Knappe, sein Ritter, und des Ritters Töchterlein, das sich dem Fremden schon versprochen hatte.

So ist es überliefert von der Löwenburg, doch der die Sage aufgezeichnet hat, war selber nicht ganz froh dabei. Sollte hier am Ende wohl die Geistlichkeit beleidigt werden? Da machte er sich lieber auf das Ganze einen Reim, und der ging so: „Verdrießt Dich das, mein frommer Christ, / So denk', daß

es Legende ist" – alle Angaben wie immer ohne Gewähr.
Die Löwenburg ist heute unser Ziel. Von Rhöndorf wären das
drei Kilometer in reichlicher Gesellschaft, wir aber nähern
uns von Osten und daher alleine.
Vom Parkplatz nehmen wir den gesperrten Fahrweg, der in
der Kurve die Straße verläßt und hinaufführt zum Forsthaus
Servatiushof. Nach wenigen Metern schon sehen wir hinter
den Kastanien die gelbe Kapelle; Kreuze stehen davor, innen
ist der Heilige aus Holland gleich zweimal zu entdecken.
Dann wandern wir weiter den Fahrweg entlang, hinauf auf
die Höhe. Bald haben wir zur Linken einen weiten Blick,
rechts steht ein Kreuz von 1896 unter Buchen.
Nach etwas mehr als einem halben Kilometer kreuzen wir im
Wald den Weg „K" und folgen ihm nach rechts in Richtung
„Rhöndorf" und zur Löwenburg. Abermals fünfhundert
Meter weiter knickt der Weg ein wenig nach links, jetzt haben
wir den Ölberg geradewegs vor Augen. Wir kreuzen die
Straße durchs Schmelztal und folgen neben der Wandertafel
weiter dem Weg „K". Zwischen Nadelwald und hohen
Buchen überqueren wir die befestigte „Kohlstraße" im Wald,
bleiben auf unserem Weg und kommen so schließlich zu
einem Wegekreuz mit einer Schutzhütte aus Holz. Drei Wege
führen links an ihr vorüber. Wir nehmen den mittleren, ein

wenig unterhalb, und entdecken gleich wieder das „K" an den Bäumen.
Der Weg verläuft am Hang entlang, führt anfangs durch Gehölz und dann durch hellen Buchenwald. Kurz ist der Kegel der Löwenburg zu entdecken: ein Wasser plätschert in seiner Fassung am Weg. Dann wieder sehen wir den Berg mit seiner unverwechselbaren Silhouette und unterhalb, in seinem Schatten, den Fachwerkbau des „Löwenburger Hofs".
Der Weg knickt nach links, führt nun geradewegs auf die Löwenburg zu; bei einem braunen Holzkreuz stoßen wir auf einen Fahrweg, bleiben links und folgen ihm zu Gottfrieds Berg. Jetzt müßte es still sein, dann könnte man das Klagelied der Löwenburger Jungfrau hören, die oben bei der Zinne mehr als einen Kreuzzug lang auf ihren Bräutigam gewartet hat, der nicht einmal in einem Sarg aus Zedernholz zurück nach Hause kam. Seit ihrem Tod vor vielen hundert Jahren singt nun der Berg allein ihr Lied, aber was wir hören, ist bloß das Hallo der Wanderer, die ihr Etappenziel zum Greifen nahe haben. Nach ihrem Aufstieg schauen sie sich um, zurück ins Tal nach Rhöndorf und geradeaus bis St. Aegidius, viertausend Meter weg von hier.
Ganze Gruppen kommen vom Rheintal herauf, mit Brot und Branntwein ausgerüstet, rasten hier auf geschlagenem Holz oder kehren gleich ein im „Löwenburger Hof".

Dort gibt es Wild und neuen Wein, und was vom Hirsch und
Schwein nicht zu genießen ist, das hängt als Zierat an der
Wand. Daneben gibt es einen Hasen, dem sein Präparator ein
Gehörn hat wachsen lassen.
Freundlich bewirtet, wandern wir weiter, gleich neben dem
Gasthaus wartet der Gipfel. Bei der Terrasse halten wir uns
rechts und gleich darauf noch einmal rechts auf dem Rhein-
höhenweg („R"). Nur fünfzig Meter weiter dann beginnt der
Aufstieg steil nach rechts.
Bald sind wir oben auf der renovierten Ruine und entdecken
unter uns Bad Honnef tief im Tal mit seinen Inseln, den
Drachenfels, den Petersberg und weiter rechts den Ölberg.
Wieder unten, folgen wir dem Rheinhöhenweg „R" nach
rechts und nehmen den Weg, der geradeaus ins Schmelztal
führt und nach Bad Honnef; nach etwa dreißig Metern verläßt
uns der Rheinhöhenweg auf schmalem Pfad nach rechts, wir
bleiben auf dem geschotterten Weg. In einer sachten Kehre
kommen wir nach links und talwärts, rechts neben uns fällt
das Gelände ab. Nach etwas mehr als einem halben Kilometer stoßen wir auf einen Querweg, wieder steht ein Hinweisstein bereit, und wir halten uns rechts („1" und „4"). Es geht
durch feuchten Fichtengrund, nach wiederum fünfhundert
Metern folgen wir dann dem Weg „4" nach links bergab ins
Schmelztal.

St. Aegidius in Aegidienberg

Ein Fischteich liegt am Wege, ein wenig weiter dann ein Förster in der letzten Ruhestatt, dann sind wir auch schon an der Straße. Hier halten wir uns links, am Straßenrand entlang und am „Jagdhaus Schmelztal" vorüber, wo die Kaffeegäste schon bei Lampenlicht vor ihrem Kuchen sitzen. Noch etwas mehr als hundert Meter folgen wir der Straße, dann kommen wir zum Parkplatz rechts im alten Steinbruch. Blei und Zink sind hier gebrochen und auch gleich verhüttet worden, seither heißt das enge Tal des Oh-Bachs „Schmelztal".

Wir haben den Steinbruch durchquert und steigen wieder im Wald hinauf. Holzarbeiten haben hier den Hang verändert, der Weg verwindet sich ein wenig, aber solange wir steigen, können wir nicht falsch sein. Bald sind wir wieder hoch genug, um drüben die Löwenburg als Silhouette zu erkennen, und schließlich wird unsere Zuversicht belohnt: Oben stoßen wir auf einen breiten Querweg, der nicht so aussieht, als hätte er mit uns noch einen Aufstieg oder Abstieg vor. Das ist der Pilgerweg vom alten „Hunefe" zu St. Servatius, dem Heiligen, der einst die Winzer vor der Pest gerettet hat.

Wir wenden uns nach links und kommen nun geruhsam ostwärts. Rechts vor uns liegt der Himmerich, noch einmal glitzert fern das Rheintal, der Drachenfels ist nun schon weit entfernt, und auch die Löwenburg liegt mehr als eine Stunde hinter uns.

Nach etwa einem Kilometer stoßen wir auf einen Fahrweg mit einem Hinweisstein („Servatiushof 1,1 km"). Wir wenden uns nach links, folgen dem Teerweg durch die Kurve und wandern dann immer weiter geradeaus, bis wir den Hof und die Kapelle und gleich darauf den Ausgangspunkt erreichen.

Von Aegidienberg zur Löwenburg

Weglänge: gut 12 km

Anfahrt:
A 3 bis Abf. Siebengebirge, rechts Richtung Königswinter, in Ittenbach sogleich links in Richtung Asbach, Aegidienberg; hinter dem Ort in Himberg rechts in Richtung Bad Honnef, nach 1 km in der Kurve links Wanderparkplatz an der Servatiuskapelle.

Wanderkarte:
Naturpark Siebengebirge / Pleiser Ländchen 1:25 000

Wanderweg:
Vom Parkplatz gesperrter Fahrweg an der Kapelle vorüber, nach ca. 500 m rechts „K" ①, Straße ② und „Kohlstraße" im Wald ③ kreuzen zur Schutzhütte; halblinks mittlerer Weg „K", um Berg herum, dann Linksknick und zum Löwenburger Hof; hier Weg „R" folgen, nach 50 m Aufstieg zum Gipfel; beim Abstieg Weg „R" nach rechts, am Wegekreuz ④ dann Weg in Richtung „Schmelztal", nach etwas mehr als 500 m durch Linkskehre auf Querweg ⑤ rechts (Weg 4), wiederum nach 500 m Weg 4 links ins Schmelztal ⑥; auf Talstraße links, rund 100 m hinter „Jagdhaus Schmelztal" Parkplatz in altem Steinbruch durchqueren ⑦ und Aufstieg bis zum Bergrücken ⑧, dort auf breitem Querweg links, nach rund 1 km links Fahrweg mit Hinweisstein „Servatiushof 1,1 km" ⑨ und über ① zurück.

Der Löwenburger Hof (0 22 23/2 35 85) ist täglich geöffnet ab 11 Uhr bis zum frühen Abend (je nach Witterung und Besuch).

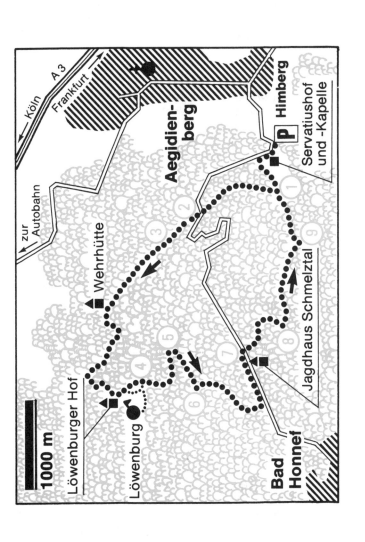

Tippeltour 24:

Gottes Auge im Nacken

Wie spricht der Dichter? „An den Rhein, an den Rhein, zieh nicht an den Rhein, Mein Sohn, ich rate dir gut."
Und was tut er dann selber, Karl Simrock, berühmt als ein Dichter, bedeutend aber eher als Professor? Dann zieht er selber an den Rhein, baut sich ein Haus in Menzenberg und dankt dem lieben Gott dafür, daß er nicht nur hat Eisen wachsen lassen, sondern auch den roten Menzenberger. Und hätte sich jemand von dem kategorischen Imperativ in Simrocks berühmtestem Lied fernhalten lassen vom Rhein, so hätte er die nächsten Verse nicht gelesen: „Da geht dir das Leben zu lieblich ein, Da blüht dir zu freudig der Mut." Das wäre schon das Richtige für uns nach Schnee und langem Regen, da können wir die Probe aufs Exempel machen. Nur auf den roten Menzenberger müssen wir verzichten, hier wird kein Wein mehr angebaut wie noch zu Anfang des Jahrhunderts; aber Selhof, wo wir losmarschieren, sieht mit seinen kleinen, bunt bemalten Häusern noch immer aus wie ein Winzerdorf.

Wir wandern durch die „Kapellenstraße" bis zur Martinskapelle hinüber, halten uns auf der „Selhofer Straße" links und kommen gleich darauf nach rechts in die „Brunnenstraße", vorbei an pausbäckigen Gründerzeit-Karyatiden und farbenfrohen Gartenzwergen.

Gut hundert Meter weiter, wo von rechts die „Grabengasse" kommt, wenden wir uns nach links und kommen zwischen Gärten zum Ort hinaus. Bald gabelt sich der Weg, wir halten uns rechts und kommen nun zügig bergauf.

In der ersten Kehre liegt Bad Honnef uns zu Füßen, „das deutsche Nizza", wie Alexander von Humboldt bemerkte, und der ist immerhin herumgekommen in der Welt und hielt nicht gleich den Kirchturm daheim für den Nabel der Welt.

Ein wenig rechts der rote Turm von Sankt Johann Baptist, und über allem der Drachenfels. Zwischen Gärten geht es weiter bergauf, der letzte Grünkohl steht allein auf der Scholle und träumt vermutlich von Mettwurst.

Wir erreichen die Höhe am Wasserbehälter, hinter dem Acker liegt die Jugendherberge; wir wandern weiter auf den Wald-

rand zu, ein Stück lang wird der Weg zum Hohlweg, dann erreichen wir den ersten gut drainierten Wirtschaftsweg. Hier zweigt sofort ein zweiter Weg nach rechts ab mit einem Stein am Anfang: „Eifelblick 300 m."
Wir folgen diesem Hinweis, kommen bergauf und haben dann am Waldrand die Rheinaue vor uns, in leichten Dunst gehüllt, so daß wir schon den Rolandsbogen nur noch ahnen können. Vom „Eifelblick" aus, einem Blockhaus mit Bänken davor unter Bäumen, ist kaum mehr zu entdecken als eine

Ahnung von der Eifel, schemenhafte Höhenzüge, über denen das Sonnenlicht liegt. Hier unter uns, am Hagerhof, hat Simrock 1840 sein „Haus Parzival" errichtet, und hier hat er sein „Eckenblut" gekeltert, für dessen Etikett er eigens ein Gedicht schrieb – leider ist nicht überliefert, wieviel er bei der Reimerei schon intus hatte: „Wir fürchten keine Gegner / Auf dieser Erde Stern / Lebt auch kein Überleg'ner / Kein Dietrich mehr von Bern." Das läßt sich, wenn man will, sogar singen, und zu der deutschnationalen Gemütlichkeit paßt wohl am besten die Kontrafaktur nach der Weise: „Ich bin die kesse Lola ..."

Vereinzelt gibt es Zeichen an den Stämmen, „1" und „2", der Weg dreht sich beim Weiterwandern weg vom Rhein und auf die Berge zu.

Vor einem kahlen Lärchenwald stoßen wir auf einen Querweg; rechts geht es zur „Zickelburg", wo noch zu Simrocks Zeiten die Brüder Grimm ein Weingut unterhielten; jetzt ist dort nichts als dichter Wald. Wir halten uns links, kommen in sachter Rechtskehre durch den Wald mit großen Ilexbüschen im braunen Laub des Vorjahrs.

Nach etwas über hundert Metern erreichen wir den Querweg, der rechts zum „Auge Gottes" führt. Ihm folgen wir nun eine gute Viertelstunde, dann stößt von links der Rheinhöhenweg („R") dazu, wir wandern weiter geradeaus. Der dunkle Kegel links, das ist der Leyberg, den wir für den Rückweg vorgesehen haben. So erreichen wir die weite Hochfläche vor der Barbarahütte. Ein wenig unterhalb, am Rand der Wiese am Hang, springt aus einer Quellfassung ein Siefen, einer der vielen, die dem „Siebengebirge" seinen irreführenden Namen gegeben haben. Von der Barbarahütte folgen wir dem „R" durch den Hohlweg in Richtung Rheinbreitbach. Bald kommen wir durch ein dunkles Fichtenstück, dann ist der Boden wieder rostigrot von Lärchennadeln. Hinter einem Fichtenhochwald schwenkt der Weg nach rechts, wir passieren eine Fichtenpflanzung mit zerwühlten Binsen am Weg.

Schließlich schimmert weiß das „Auge Gottes" durch die Stämme, ein Wegkreuz, von Bäumen umrahmt; über das Passionsmotiv ist auf den weißen Putz tatsächlich ein zyklopisches Auge gemalt, mit Wimpern und Lichtpunkt, wie im Lehrbuch der Biologie, da könnte man von träumen: „Gottes Auge sieht alles", steht darüber, und darunter: „Bewahre mich vor Sünde."

Vier alte Männer kommen durch den Wald in dicken Jacken; einer holt ein kleines Federmesser aus der Tiefe seiner Tasche und pult damit den Docht in einem Wachslicht frei; ein anderer hat ein zerdrücktes Streichholzheft dabei.

Als die Kerzen dann brennen, werden die Alten besinnlich. „Dat Trautchen iss ja nun auch schon tot", meint der erste und sieht sich drei betroffenen Gesichtern gegenüber: Gleich zwei wollen das Trautchen doch gestern noch gesehen haben, und zwar putzmunter. Da hat es ihnen also wieder einer mal gezeigt: DU SIHST / WOHIN DU SIHST NUR EITELKEIT AUFF ERDEN – das sagt zwar keiner, aber alle scheinen es zu denken, bis sich dann doch noch herausstellt: des Redners Trautchen war ein anderes als das, das tags zuvor noch in Rheinbreitbach unterwegs war: Ja dat, so sagen alle, dat iss ald lang tot.

Wir wenden uns auf dem breiten Querweg nach links und wandern ostwärts, das Auge noch lange im Nacken.

Die Abzweigung nach Kalenborn verläßt uns bald nach rechts, wir wandern weiter geradeaus und folgen dabei der rotweißen Raute des Unkeler Verkehrsvereins in Richtung „Kreuzeiche" (Weg „13").

Hier, bei der „Walter-Lauffs-Hütte" von 1982, biegen wir nach links in den Stellweg ein; zwei ganze Kilometer liegen vor uns wie ein Lineal, nach etwa siebenhundert Metern halten wir uns links in Richtung auf Bad Honnef (Markierung

„+"). Rechts stehen hohe Kiefern mit hellem Ilex dazwischen, links liegen dann die grauen Wiesen des Helfenseiens mit lichtem Nebel zwischen den Birken. Wir laufen auf einen dunklen Wald zu, dann schwenkt der Weg sacht nach rechts, wo abermals rechts der Broderkons-Gipfel erscheint. Hinter der Lichtung mit Buchenschößlingen, ehe junger Stangenwald beginnt, machen wir einen kleinen Abstecher nach rechts, keine hundert Schritte vom Wege; da suchen wir das „Pferds-Galgenkreuz" und finden es am Stamm einer mächtigen Buche. „Anno 1631" ist in den Querbalken gekerbt, der schwarz vom Alter ist.

Früher lief der Weg an diesem Kreuz vorüber, jetzt ist hier nur noch eine Spur für Pferde, und niemand fragt mehr nach der Tafel, die hier einmal hing. Später fragen wir den Buchhändler im Ort, der hat die Tafel nämlich aufgehängt als Kind und weiß noch heute, was es mit dem Pferdegalgen auf sich hat, gehabt hat oder haben sollte: Hier hat sich ein schwedischer Absalom mit seinen blonden Locken tödlich im Geäst verfangen, sagen die einen, hier gab es aus der Vorzeit eine Schädelstätte mit Pferdegebein, sagen die anderen, und was sagt Dr. Werber? Der meint, das war in Wirklichkeit wohl alles anders: Nichts von Pferd und nichts von Galgen, viel

eher ist da wieder mal ein unbekannter Flurname verball-
hornt worden.

Wir gehen zurück von dem Gruselort und folgen weiter
unserem Weg. In der nächsten sachten Rechtskehre verlassen wir den Fußweg nach Bad Honnef und halten uns scharf
links, auf den Leyberg zu. Wir kommen an einer Wiese mit
Pappeln vorüber, dahinter liegt ein eingezäunter Weiher.
Unser bequemer Weg ist partienweise mit hellem Kies bestreut. Schließlich haben wir links im Wald einen ebenmäßi-
gen Buckel; das ist nicht der Leyberg, aber doch seine Vor-
hut. Nur hundert Meter später nehmen wir die Abzweigung
nach links und haben dann den Leyberg rechts vor Augen.
Der Weg führt uns schon fast daran vorüber, dann zweigt bei
einer Ruhebank der Aufgang rechts ab. Treppenstufen im
Gestein führen uns schließlich auf den vulkanischen Kegel
hinauf. Vor den letzten Tritten unter dem Gipfel packt uns der
Wind an den Mützen, ein Schwarm erschreckter Vögel stürzt
sich mit klatschenden Flügeln bergab, dann stehen wir oben
auf dem blanken Basalt, 359 Meter hoch. Hier kommt doch
eher selten jemand her, aber die Volksbank von Bad Honnef
war schon hier und hat zwei Bänke aufgestellt – zum Atem-
holen, doch mit einem Blick, daß es einem den Atem gleich
wieder verschlägt.

Wir klettern hinunter und wenden uns dann nach rechts,
kommen stetig bergab und haben bald den Platz vor der
Barbarahütte vor uns liegen. Noch vor der Hütte und dem Tal
des Siefens nehmen wir den Weg am Hang nach rechts
(„Quellemich 500 m"). Rasch geht es jetzt ins Tal. Bei der
Quellemich-Hütte steigen wir nach links hinab, an der Hütte
vorüber, kommen durch die Wiesen des Bachtals und drüben
hinauf in die Böschung. Wo wir den Rücken der Höhe erreichen, treffen wir wieder mit dem Rheinhöhenweg zusammen
und folgen ihm nun talwärts. Noch einmal kreuzen wir einen
breiten Wirtschaftsweg, der links nun ebenfalls nach Selhof
führt; wir bleiben geradeaus auf dem Rheinhöhenweg bis
zwischen die ersten Häuser von Selhof, wo er uns nach
rechts verläßt. Wir wandern links durch die Straße „Am
Bierenbronnen" zurück zur Kapelle und zum Auto. Und
dann? Dann gehen wir ein zweites Mal zum Leyberg, aber
nicht noch einmal in den Wald, sondern in das Gasthaus
gegenüber, das so heißt.

Da haben wir dann Muße, uns den Rolandsbogen zu betrachten: der hängt hier am Ende der Theke.

Zum Leyberg bei Bad Honnef

Weglänge: gut 13 km

Anfahrt:
A 59 und B 42 bis Bad Honnef, dort der Beschilderung zur Jugendherberge folgen; Parkmöglichkeit an der „Beueler Straße", „Kapellenstraße", gegenüber dem Gasthaus „Zum Leyberg", evtl. auch vor der Jugendherberge; mit der Eisenbahn bis Bad Honnef, dann durch den Ort nach Selhof.

Wanderkarte:
Naturpark Siebengebirge / Pleiser Ländchen 1:25 000

Wanderweg:
Auf der „Kapellenstraße" zur Martinskapelle, auf der „Selhofer Straße" links und gleich darauf rechts „Brunnenstraße"; an der Einmündung der „Grabengasse" links, durch Gärten zum Ort hinaus, bei der Gabelung rechts und bergauf; am Wasserbehälter vorüber auf Waldrand ① zu, rechts Weg mit Hinweis „Eifelblick 300 m"; am „Eifelblick" vorüber, Berg umrunden, bei Abzweigung „Zickelburg" (rechts) links halten, nach etwas über 100 m rechts: „Auge Gottes"; Rheinhöhenweg „R" stößt dazu, dann an „Barbarahütte" vorüber Weg „R" folgen bis zum „Auge Gottes"; auf breitem Querweg links (Weg 13); bei Walter-Lauffs-Hütte" ② links durch geraden Stellweg, nach etwa 700 m links Richtung „Bad Honnef" ③; hinter Lichtung mit Buchenschößlingen rechts im Wald „Pferds-Galgenkreuz", Weg weiter verfolgen, in Rechtskehre ④ links schwenken, an Wiese mit Pappeln und Weiher ⑤ vorüber (rechts) und bis zum Leyberg (vor Bergkegel Abzweigung nach links ⑥, nach 250 m ⑦ rechts Aufstieg; Abstieg und rechts zur Barbarahütte, noch vor der Hütte und dem Siefental Weg rechts „Quellemich 500 m"; bei „Quellemich-Hütte" Bachtal kreuzen, drüben auf Weg „R" bis zu den ersten Häusern von Selhof; links durch die Straße „Am Bierenbronnen" zurück.
(Evtl. hinter Quellemich trockeneren Wirtschaftswegen nach Selhof folgen.)

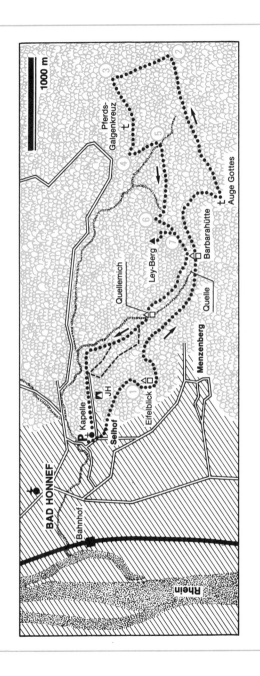

Tippeltour 25:

Zur Burg der treuen Liebenden

Neben der Straße rollt der Rhein, lehmgelb und bedrohlich hoch an diesem Tag, und von links stellt sich ein schwarzer Felsen in den Weg, als wollte der dem Imperativ am Dorfrand gehörigen Nachdruck verleihen: „Probier den Wein in Hammerstein!" Da ließe man sich gerne drängen, aber unser nächstes Ziel ist Leutesdorf, drei Kilometer weiter den Rhein hinauf, bedeutendster Weinort am mittleren Rhein, und das schon seit mehr als 1500 Jahren, aber wegen seines Namens für gereimte Werbesprüche ein für allemal verloren. Freilich können die Leutesdorfer auf die Hilfe der Dichtkunst auch leicht verzichten, denn daß sich hier alles um den Wein dreht, sieht man auch so. Am Ende des Neuwieder Beckens, ehe der Fluß sich dünnmachen muß zwischen Eifel und Westerwald, liegt Leutesdorf am Rhein mit fünf Kilometern Rebenhängen im Rücken, geschützt nach Norden durch die Berge, offen nach Südwesten, wo die Sonne scheint. Hier beginnt der „Riesling-Wanderweg", und hier beginnt auch unser Rundweg.

Wo gegenüber dem Winzerverein die Pfarrkirche St. Laurentius liegt, steigen wir durch die „Kirchstraße" bergwärts. Oben, gleich vor den Rebhängen, stößt die Straße auf den „Neuen Weg". Hier entdecken wir die erste grüne Traube auf weißem Grund und folgen der Hinweistafel auf dem Teerweg in die Weinberge (auch Rheinhöhenverbindungsweg „RV"). Ein würziger Duft sticht uns in die Nase, er kommt vom Trester, den festen Restbeständen nach der Kelterung der Trauben, der hier zum Reben-Recycling wieder auf die Schieferhänge geschüttet ist. Das Rheintal haben wir schon unter uns. Drüben, im Dunst nur schwach zu erkennen, liegt Andernach, zu unseren Füßen hat sich Leutesdorf vom Wasserrand bis an die Weingärten hinaufgeschoben.

In Höhe der zweiten Kirche schwenkt der Weg in einen Taleinschnitt, wo wir gleich den Rheinhöhenweg („R") erreichen. Hier halten wir uns links, zur Leutesdorfer Schützenhalle hinunter und durch das enge Tal hindurch.

Was wir vom Leutesdorfer Ortsrand sehen, ist mit Baggerloch und Autofriedhof so schön wie viele Randbezirke, aber

dafür wird der Blick zurück auf den Ortskern immer schöner:
Die Rebflächen staffeln sich die Hänge entlang, und immer
wieder kommen Stimmen aus dem Wingert, die Lese ist in
vollem Gang.

Nach der nächsten sachten Biegung haben wir den schwarzen Buckel von Hammerstein vor uns und die Hammersteiner
Werth im Fluß, als wäre es dem Rhein hier nicht schon eng
genug. Auch über dem Auwald der Insel steht der Dunst, die
Berge in der Ferne verlieren sich in Schleiern, so daß man
kaum bis sieben zählen kann. Dann und wann donnert ein
Zug vorüber, mehr als achtzig Schnellzüge sind es jeden
Tag, die vielen Güterzüge nicht gerechnet; auf dem Rhein
sind zwischen Rotterdam und Basel ständig 7000 Schiffe
unterwegs, die man, zumal bei Bergfahrt, mächtig wummern
hört, so daß man das fortwährende Rauschen der nahen
Straße fast schon für natürlich hält.

Was hier gewachsen ist, wird uns als ,,Gartenley'', ,,Rosen-
berg'' oder,,Forstberg'' zum Abendessen schmecken, die
Lagennamen sind längs des Wegs mannshoch auf die Fels-
steinmauern geschrieben.

In Höhe des Campingplatzes gabelt sich der Weg, wir bleiben
links auf dem Teerweg, steigen durch die Kehre talwärts und

Burg Hammerstein mit Hammersteiner Werth

verlassen hinter der Biegung den Fahrweg, um dem Trau-
bensymbol durch eine weitere Kehre im Wald ins schmale
Mühlbachtal zu folgen. Vor dem Mühlbach und dem Hof
dahinter wenden wir uns links bis zum „Werner-Hammerschlag-Weg", wo wir rechts weiter dem Rheinhöhenweg
folgen, vorüber an der Hubertusburg im schwarzweißen
Fachwerk. Ein Weinleser kommt aus dem Wingert, schaukelt
bedächtig bei jedem Schritt und stürzt dann mit einer tiefen
Verbeugung den Inhalt seiner hohen Bütte in die Wanne
hinten am Traktor.

Dann setzt er die Tragbütte ab und wischt sich mit dem Ärmel
über die Stirn. Was da glänzend vom Saft durch die Wanne
kullert, ist der Riesling, grün und klein und beinahe unan-
sehnlich, aber immer noch die beste Weißweinbeere, das
bestätigt auch der Weinleser. „Den wollen wir heute abend
trinken", sagen wir, als er schon wieder seine Bütte schul-
tert. – „Tun Sie das", meint er und steigt den Berg hinauf, „es
ist genug da." Hoffen wir das Beste, lieber Leser.

Vor dem Kegelberg, der die Ruine trägt, schwenkt unser Weg
nach rechts und dann in Serpentinen durch verwildertes
Gartengelände, bis wir uns oben, auf dem Hochplateau, dem
schwarzen Gemäuer nähern. Ein schmaler, ungesicherter
Pfad führt links an der umzäunten Weidefläche vorüber bis
auf den Gipfel hart über dem Rhein. Wer hier einmal in dieser
Feste hauste, der war seinen Widersachern mehr als haus-
hoch überlegen, wenn sie hundertdreißig Meter tiefer ratlos
ihren Kriegsrat hielten. Die herrliche Aussicht hatte er noch
obendrein. Solch ein Bollwerk mochte man dem großen Karl
Martell schon zutrauen, aber auf mehr als die einfache Tat-
sache, daß der Hausmeier von Pippin dem Mittleren in deutscher Übersetzung tatsächlich „Hammer" hieß, stützt sich
die reizvolle Behauptung nicht, daß Pippins Majordomus
Hammerstein gegründet habe. Auch Eisenhämmer gab es in
der Gegend, die mochten eher den Namen hergegeben haben für die Burg aus schwarzem Stein.

Dreihundert Jahre später als die Sarazenenschlacht bei
Tours und Poitiers war Hammerstein dann wirklich akten-
kundig: Da hatte es dem Gaugrafen Otto von Hammerstein
gefallen, sein Auge auf Irmingard zu werfen, eine allzu nahe
Verwandte, und sie schließlich auch noch zum Altar zu führen. Das konnte nicht gutgehen, Erkanbald, der Erzbischof
von Mainz, bekam Wind von dem blutschänderischen Verhältnis, und da der Bischof überdies noch Grenzprobleme

Hubertusburg

mit dem Grafen hatte, ihm aber mit Soldaten alleine nicht beizukommen wußte, exkommunizierte er 1018 das ansonsten glückliche Paar und schwärzte es beim Kaiser an, der daraufhin die Burg belagern ließ. Im Sturm war die Festung nicht zu nehmen, auch nicht durch die kaiserlichen Truppen, so wurden die Hammersteiner ausgehungert, bis sie sich am zweiten Weihnachtstag 1020 mit knurrendem Magen endlich ergaben. Die Ehe wurde aufgelöst, so ist uns überliefert, aber die beiden blieben beieinander bis ans Ende ihrer Tage, wie es heißt, und ob auch das einen gestört hat, davon ist nun nichts mehr überliefert.

Wir wandern zurück bis zur Informationstafel vor dem Burgplateau, dann folgen wir dem Rieslingweg weiter rheinabwärts. Bald nach der Linde mit dem Wegkreuz darunter kommen wir abermals durch wuchernde Gärten, und dann geht es sehr schnell in die Weingärten von Hammerstein hinunter. Im Wein liegt Wahrheit, weiß der Volksmund, aber hier in Hammerstein liegt überdies der Friedhof mitten im Wein, ein kleines Eckchen zwischen den Reben, und hier bestattet zu werden, ist wohl der Traum jedes Winzers.

Vom „Burgweg" nehmen wir noch vor der Hauptstraße (B 42) die „Kapellenstraße" nach rechts, folgen ihr über die Kreuzung mit dem Gedenk-Kapellchen hinaus und biegen dann

abermals rechts in die „Kehrbergstraße" ein. Die heißt vermutlich so, weil hier wohl immer wieder die Fußgänger
kehrtmachen, denn der schmale Weg den Kerbergsbach
hinauf steigt unablässig bergan, daß man zwischendurch
schon den Mut sinken läßt. Anfangs säumen verlassene Gärten den Weg in den Westerwald, dann werden die Gärten
zum Wald, der Wald zum üppigen Urwald. Selbst die Vögel
rufen hier mit anderen Stimmen. Nach mehr als einer halben
Stunde schimmert etwas hell durch die Bäume, der Himmel,
den wir fast schon vergessen haben vor lauter Wald, und
dann erreichen wir am Ende des Hohlwegs endlich die Höhe.
Hier lesen wir auf einer Tafel am Querweg, daß unser Weg als
„stark abschüssig" gilt, und dem läßt sich zustimmen. Wir
halten uns rechts bis zur Ecke des Waldes, wo bei der
Schutzhütte der Rheinhöhenweg wieder zu uns stößt. Nach
dem Aufstieg gönnen wir uns den Abstecher auf der Höhe
zum Forsthof, einem weitläufigen Bauernhof mit einer
schmucklosen Gaststube am Ende des Flurs, und der Hammersteiner Schankwein, den wir hier nun endlich probieren,
ist genauso, wie wir ihn jetzt brauchen: trocken und nicht zu
knapp.
Dann machen wir uns auf den Rückweg, wandern auf dem
Rheinhöhenweg an der Schutzhütte vorüber, am Wald entlang und schließlich durch den Wald. Eine Zeitlang folgen

wir der Stromleitung, dann schwenkt sie in einer Schneise nach rechts, und wir wandern geradeaus und immer bergab, wie das „R" uns leitet.

Bei der Linde mit dem Wegkreuz erreichen wir wieder das Plateau der Feste Hammerstein, folgen hier nun unserem Anmarschweg ein Stück nach links und nehmen dann den „Werner-Hammerschlag-Weg" zurück in den Ort. Jetzt haben wir im Dämmerlicht des frühen Abends die Rebenhänge über uns, und als wir Leutesdorf erreichen, kommen von überallher aus den Bergen doppelte Lichter ins Tal hinunter: die kleinen Traktoren mit der Ernte des Tages.

Von Leutesdorf nach Hammerstein

Weglänge: gut 10 km

Anfahrt:
B 42 bis Leutesdorf; die B 42 ist zu erreichen über Bonn und
Bonner Südbrücke oder durch das Ahrtal, dann Fähre von
Kripp nach Linz; vom rechtsrheinischen Köln über A 59;
Parkgelegenheiten im Ort, evtl. auch in Niederhammerstein
(vgl. Karte), dann dort den Weg beginnen.

Wanderkarte:
Naturpark Rhein-Westerwald Blatt 1 (West) 1: 25 000

Wanderweg:
An Laurentiuskirche „Kirchstraße", oben „Neuer Weg",
Traubensymol weist in die Weinberge; in Höhe der zweiten
Kirche im Taleinschnitt links ① zur Schützenhalle; bei Gabelung in Höhe des Campingplatzes ② links, hinter der Biegung den Fahrweg verlassen und ins Mühlbachtal bei Bachhof; hier links und am „Werner-Hammerschlag-Weg" rechts
an Hubertusburg vorüber (hier auch „R"); vor dem Kegelberg rechts durch Gartengelände, dann in Kehre Aufstieg
zum Gipfel, weiter rheinabwärts, an Linde mit Kreuz vorüber
über „Burgweg" nach Hammerstein rechts „Kapellenstraße"
an Kapelle vorüber und rechts „Kehrbergstraße", schließlich
Waldweg steil bergauf; oben am Waldrand ③ rechts, bei
Schutzhütte am Weg „R" links zum Forsthof; zurück über
„R", wieder Linde mit Wegkreuz, dann „Werner-Hammerschlag-Weg" zurück.

Da die Westerwaldhöhen bei Hammerstein dicht an den Rhein
heranrücken, ist ein Rundweg über die Höhe (bei einem
Höhenunterschied von knapp 300 m) niemals mühelos. Wer
den beschriebenen Verlauf mit der jähen Steigung scheut,
kann den Weg leicht verändern: Entweder von der Linde bei
der Ruine in umgekehrter Richtung (Weg „R" bis Schutz-
hütte/Forsthof, dann am Waldrand links und zurück nach
Ober- oder Niederhammerstein); oder wie beschrieben bis
Hammerstein, dort über die „Kapellenstraße" bis zur Kirche in
Niederhammerstein, hier rechts bis zum Wanderparkplatz
und auf beschildertem Weg bis zum Forsthof.

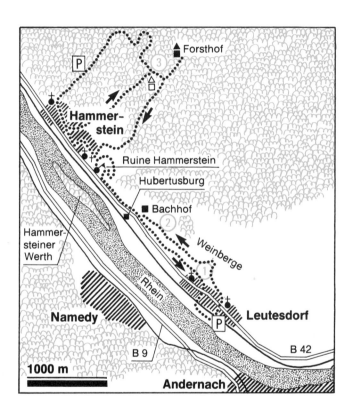

- P
- † Forsthof
- ③
- Hammer-stein
- Ruine Hammerstein
- Hubertusburg
- Bachhof
- ②
- Hammer-steiner Werth
- Weinberge
- ①
- Rhein
- Namedy
- Leutesdorf
- P
- B 9
- B 42
- **1000 m**
- Andernach

Tippeltouren · Band 1

25 Wanderungen – Bergisches Land · Eifel · Siebengebirge · Niederrhein. 5. Auflage. 176 Seiten mit 58 Fotos und 26 Karten.

Tippeltouren · Band 2

25 weitere Wanderungen – Bergisches Land · Eifel · Siebengebirge · Niederrhein. 3. Auflage. 204 Seiten mit 86 Fotos und 26 Karten.

Tippeltouren · Band 4

Wieder 25 Wanderungen rechts und links des Rheins. 228 Seiten mit 81 Fotos und 26 Karten.

Tippeltouren · Band 5

25 Wanderungen rechts und links des Rheins. 228 Seiten mit 78 Fotos und 26 Karten.

Die „Tippeltouren" sind eine Heimatkunde eigener Art: randvoll mit Informationen, detailgenau und verläßlich in allen Angaben, die der Wanderer braucht – und sehr salopp geschrieben!

J.P. BACHEM VERLAG KÖLN